JN411496

심껏 살다 보면
좋은 끝이 올 겨

심껏 살다 보면 좋은 끝이 올 겨

펴 낸 날 2015년 06월 19일

지 은 이 김덕임
펴 낸 이 최지숙
편집주간 이기성
편집팀장 이윤숙
기획편집 윤은지, 김송진, 주민경, 박경진
표지디자인 윤은지
책임마케팅 임경수
펴 낸 곳 도서출판 생각나눔
출판등록 제 2008-000008호
주 소 서울시 마포구 동교로 18길 41, 한경빌딩 2층
전 화 02-325-5100
팩 스 02-325-5101
홈페이지 www.생각나눔.kr
이 메 일 webmaster@think-book.com

• 책값은 표지 뒷면에 표기되어 있습니다.
ISBN 978-89-6489-397-5 03810

• 이 도서의 국립중앙도서관 출판 시 도서목록(CIP)은 서지정보유통지원시스템 홈페이지(http://seoji.nl.go.kr)와 국가자료공동목록시스템(http://www.nl.go.kr/kolisnet)에서 이용하실 수 있습니다(CIP제어번호: CIP2015015707).

심껏 살다 보면 좋은 끝이 올 겨

사람들은 때로 희망이 절벽 같은 자신의 처지를 놓고 환경 탓을 많이 한다.
돌이켜 보면 무엇하나 나 혼자 이룬 게 없는 것을….
이제야 고개숙인 벼 이삭이 눈에 들어온다.

김덕임 수필집

생각나눔

책을 내면서

할머니 밥상 같은 앉은뱅이책상 앞에서 이양하 님의 『신록예찬』에 몰입하던 학창시절이 있었다. 그때부터 수필에 대한 꿈씨가 여린 마음 밭에 떨어졌을까?

그 씨는 삶의 무게에 눌려 싹을 틔우지 못한 채 진흙 속에서 수많은 세월 몸살을 앓았다. 그 무게가 조금씩 가벼워지던 어느 날, 꿈 씨는 노란 촉을 틔웠다. 병아리 부리 같은 촉에서 한 잎 두잎 이파리가 돋았다.

찔레꽃 자지러지는 유월이다. 여기저기 구겨져 있는 이파리를 들여다보다가, 이들을 위해서 첫 번째 오두막을 지었다. 엉성하기 이를 데 없으나, 상추 이파리 같은 이 아이들을 한 지붕 아래 오보록이 들이고 싶어서다. 짓고 보니 벌거벗은 듯 부끄럽다. 내 삶의 습한 부분까지 드러났기에. 그러나 그 삶마저도 빈

약한 내 글의 자양분이 되었음을 고백한다.

신혼 시절 몇 년 동안을 월세방에서 살았다. 달랑 방 하나에 부엌 하나였다. 하지만 됫박만 한 그곳에 들면 늘 포근했다. 그런데 이제 막 지어낸 오두막 글 집은 낯설고 참 넓어 보인다. 구석구석 빈틈이 많아서일 것이다. 틈새로 스며드는 칼바람이 두려워서일까. 지면 위의 활자들이 오들오들 떤다. 한사코 숨을 데를 찾는다.

그런데도 굳이 책을 펴게 됨은, 늦깎이로 시작한 나에게 용기를 주고 싶어서다. 수필이라는 동무와 여생의 오솔길에 항상 동행하기 위해서다. 게으름을 피우면 수필이 나의 온기가 닿지 않는 곳으로 떠나버릴까 봐서다.

여기에 담긴 글들은 대부분 소재의 존재감을 진솔하게 드러내려고 최선을 다했다. 그러나 어떤 부분은 픽션과 상상을 더하여 독자의 이해를 도우려 했음을 밝혀둔다.

여기까지 오는 데 가족들의 사랑을 참 많이 받았다. 말없이 챙겨주고 기꺼이 글 속의 소재와 양념이 되어 준 남편과 형제자매와 딸들에게 고마움을 전한다. 그리고 이 책을 만들기 위해 열심히 발로 뛰어준 두 사위에게 큰 고마움을 전한다.

늦었다 할 때가 빠른 때라고 용기 주시며, 큰 가르침으로 이끌어 준 문광영 교수님께 깊은 감사의 마음을 올리고, 경인문예 문우들에게도 고마움을 전하고 싶다. 그 외에도 끊임없는 격려의 추임새로 글쓰기에 힘을 실어준 친구들에게 고마움을 전한다. 끝으로 예쁜 글 집을 지어주신 생각나눔 출판사 선생님들께도 감사의 인사를 올린다.

2015 유월에

김덕임

목 차

4. 유년기의 울타리

5. 거룩한 보물

1장

말랑말랑한 길

돈 봉투

새벽까지 오던 비가 개었다. 일간지를 펼치려는데 신문이 비닐 옷을 입고 있다. 작달비 속을 뚫고 온 배달 청년의 자상함이 함빡 묻어난다.

조선일보 사회면의 기사가 눈길을 붙든다. 어느 돈 봉투 이야기이다. 정치권의 검은 돈 봉투가 연일 지면을 차지하던 때인지라, 또 그렇고 그런 봉투려니 했다. 청쾌한 아침을 흐리고 싶지 않아 그냥 넘기려는데 「선생님과 제자들의 돈 봉투」라는 소제목이 넘기던 손을 멈추게 한다. '선생님과 제자들 사이에 오간 돈 봉투는 어떤 색깔일까?'

그 기사는 정년 퇴임한 B 고등학교 K 선생님과 제자들에 대한 이야기였다. K 선생님은 짙은 병석에서 실낱같은 생명을 이어가고 있단다. 그런데 한 제자가 우연히 선생님이 병석에 계시다는 소식을 듣게 되었던 것. 그래서 연락이 되는 친구 몇 명과 함께 위문을 갔다고 한다. '선생님, 30년 전 모습이 선한데 말기 암이라니요. 적지만 치료비에 보태세요.' 하며 작은 봉투를 가랑잎 같은 선생님 앞에 내놓았다. 봉투에는 선생님의 쾌유를 비는 제자들의 염원이 담겼으리라. 그 봉투는 아마도 아침 초원의 잔디색깔이 아니었을까 싶다. 긴 세파 속에서 잊지 않고 찾아준 제자들의 그 정만으로도 선생님의 마음은 훈훈했을 것 같다.

"고맙구나. 난 얼마 못 살 테니 내가 더 보태서 학생들을 도우련다."

가슴 뭉클한 미담이다. 박하사탕 같은 이 소식은 급기야 B 고등학교 총동문회에까지 물결처럼 퍼져갔다. 서너 명 제자들의 작은 시작은 노소(老少) 동문들의 정성까지 듬뿍 담겨 세상에서 가장 알찬 봉투로 바뀌었다. 그리고 봉투는 선생님의 뜻대로 꿈나무들에게 장학금으로 전달되어 큰 힘이 되었다는 이야기이다.

유한한 인생길에서 누구나 한 번쯤은 '~할 뻔한 일'을 만난다. 그럴 때 누구를 만나느냐는 것은 참으로 중요한 것 같다.

어떤 선생님, 어떤 친구, 어떤 이웃을…. 그것이 바로 소중한 만남의 축복이 아닐까 싶다. 신문의 활자 위로 오래전의 하얀 돈 봉투 하나가 마음 찡하게 다가온다.

47년 전 초등학교 졸업을 앞둔 어느 날. 함평 해보초등학교의 자그마한 교무실에는 연통을 길게 늘인 무쇠 난로 속에서 장작개비가 타닥타닥 타고 있었다. 난롯가에는 수업을 마친 선생님들이 둘러앉았다. 담임이신 윤 선생님이 긴급회의를 제의했던 것. 열일곱 분의 선생님들은 사뭇 진지하게 마주 보고 의견을 나누었다.

그때 나는 소위 명문이라는 광주의 J 여자중학교에 어렵게 합격했다. 당시는 중고등학교에서 입시제도가 시행되고 있었다. 그래서 시골로부터 도회지의 학교에 가는 일은 쉽지 않았다. 실력도 그렇지만 경제적인 부담 때문이었다. 담임선생님의 권유로 입시를 치르고 합격도 했지만, 선뜻 등록을 못 하고 있었다. 등록 마감 날짜는 사흘 앞으로 다가왔다. 그 당시 우리 집은 죄는 아니지만, 자랑은 될 수 없는 가난을 조랑조랑 달고 살았다.

선생님들은 안타까운 내 처지를 듣고 돕기로 마음을 합했다. 즉석에서 주머니를 아낌없이 털었다고 한다. 탁자 위의 하얀 봉투는 선생님들의 옹달샘 물 같은 정으로 남실남실 채워졌다. 가난한 선생님들의 두툼한 사랑. 그것은 한 단발머리 학생을 좌초의 위기에서 건져내었다.

그때 나눔의 손길이 없었더라면 나는 어찌 되었을까? 그 후에도 내 삶에 세찬 바람이 불고 파도가 칠 때면 그때의 하얀 봉투가 생각난다. 그 일만 떠올리면 헤쳐나올 힘이 솟는다. 자신들의 어려운 환경 중에서도 꺾어지려는 가녀린 제자의 꿈나무 가지를 싸매주던 선생님들. 그분들의 정성이 힘찬 오뚝이로 만들어 준 것이 아닌가?

요즘 검은 봉투들이 일간지 위에서 질정 없이 헤맨다. 부디 이런 봉투가 밝은 세상으로 나와서 모두의 심장을 데워주는 촉매가 되었으면 좋겠다. 사회면 기사를 대할 때마다 가슴이 철렁 철렁거린다. 세상이 말세라고들 한다. '나'는 아무 책임이 없는데 다른 사람들이 그렇게 만들어버린 것처럼. 그러나 과연 누가 이 한통속에서 자유로울 수 있을까?

우리가 걱정하는 그 말세에 우리의 금쪽같은 자손들이 서로 어우러져 살아가야 한다. 그런데 우리 아이들이 숨 쉴 토양은 자꾸만 산화(酸化)되어 간다. 이런 척박한 세상에서 오늘 아침 K 선생님 이야기는 우리들에게 뒤를 돌아보게 한다.

선생님과 제자 사이는 물론 모든 사람들 간에 존경심과 사랑이 강물처럼 흐를 때, 박토 같은 우리 사회가 기름진 옥토로

중화되지 않을까 싶다.

학교 폭력이 난무하고, 교권이 무너져 내렸다며 절망을 한다. 그러나 돌아보면 이름도 없이 빛도 없이 사랑을 나누고 있는 B 고등학교의 K 선생님과 나의 초등학교 윤 선생님 같은 분들이 많다. 그래서 우리의 미래는 밝고 짱짱한 것이다. 세상이 어둡다고 절망하기에 앞서 내가 먼저 반딧불이만 한 빛이라도 발해야 할 일이다.

소쇄한 아침, 인생의 종착역을 앞에 둔 노(老) 선생님과 제자들의 잔딧빛 돈 봉투에 큰 박수를 보낸다.

새 댁

"조구 한 모닥이 만언요."

수원 파장동 시장 들머리에 있는 청해수산에 갔다. 곱다란 여인의 서툰 우리말 소리가 어물전에 낭창하다. 똥짤막한 키와 오동통한 몸매에 눈은 젖은 머루알 같다. 까무잡잡 동그란 얼굴에 하얀 버짐이 냉이꽃처럼 자분자분 피어있다.

파장동 시장에는 어물전이 셋 있는데, 그중 청해수산이 알짬인 듯하다. 그곳은 손님들로 항상 북적거린다. 두툼한 비닐 앞치마를 두른 아저씨는 다람쥐처럼 항상 분주하다. 늘 혼자 가게를 보기 때문이다. 그런 아저씨를 보며, 손님들은 아주머니는 왜 안 나오느냐고 묻곤 한다. 그러면 아저씨는 보일 듯 말

듯 미소만 짓는다. '아내가 천국에 갔을까?', '함께 일을 못할 정도로 불치병이라도 앓고 있을까?' 누구나 할 것 없이 손님들은 궁금해한다.

그의 아내는 아주 오래전에 위암으로 세상을 떠났다고 한다. 사람의 마음은 다 같은가 보다. 애처로운 소식이 알려지면서 청해수산 앞에는 손님들의 줄이 더욱 길어져 갔다.

우리 집은 십 년 전 파장동에서 송죽동으로 이사했다. 그런데도 생선을 살 때면 여전히 그 집을 찾고 있다. 아저씨가 싹싹하기도 하지만, 아저씨의 푸진 덤에 나도 모르게 끌려가는 것이다. 지금 줄을 서 있는 앞뒤의 사람들도 다 그렇지 않을까 싶다.

그런데 어느 날, 생선 비린내만 가득하던 그 어물전에 꽃 한 송이가 피었다. 텃밭 울타리의 오이 같은 새댁이 해낙낙한 아저씨 옆에서 생글거린다. 필리핀에서 왔다고 한다. 어눌한 말씨와는 다르게 손길이 재바르다. 셈도 후딱 잘한다. 아저씨보다 더 빠른 것 같다. 누구일까?

"여보, 이건 어마 받으오?"

통나무 도마에 생선을 손질하고 있는 아저씨를 부른다. 병어 입 같은 새댁의 입에서 나오는 여보라는 호칭이 조약돌처럼 반드럽다.

우리 부부는 이순이 넘도록 아직 여보라는 호칭을 못 쓰고 있다. 신혼 때 몇 차례 시도해보았지만, 입안에서만 뱅뱅 돌 뿐 허사였다. 아이들이 다 자라도록 그 말은 우리 부부의 공용어가 되지 못했다. 큰 아이의 이름을 붙여 남편을 '정화 아빠'로 부르고, 남편은 나를 '어이'라고 부른다. 그래서 내 이름은 어이가 되고, 남편 이름은 영원한 정화 아빠가 되었다.

아저씨는 인근 어느 농장에서 일하던 필리핀 여인을 농장 주인의 소개로 만났다고 한다. 정수리를 내리 찌르는 뙤약볕에서 날마다 일하던 그녀다. 일당받던 품꾼에서 청해수산의 어엿한 안주인이 된 것이다. 그녀의 생기 어린 얼굴은 품꾼과 안주인의 차이를 확연히 보여준다. 새벽부터 가게에 나와 생선꾸러미를 싸느라 지칠 법도 하다. 그런데 얼굴엔 피곤한 기색 하나 없다. 좁은 판매대 사이를 수초 사이 물방개처럼 누빈다. 품꾼이 아니라, 안주인으로 일하는 신바람이 그녀의 온몸에서 배어난다.

얼마 전까지만 해도 그 가게에는 삭풍 속에서도 변변한 난로 하나 없었다. 아저씨의 갈퀴 같은 손은 얼음이 서걱거리는 생선 무더기에 그대로 붙어버릴 것 같았다. 속사정은 모르지만, 그의 삶은 고드름처럼 힘겨워 보였다. 여자는 혼자 살아도 티가 별로 안 난다. 허나 남자는 돕는 배필이 없으면 온몸에서

'아내 없음'이라는 표식이 금방 드러난다. 그는 늘 헝클어진 머리에 생선 냄새 절은 티셔츠가 일상이었다. 그러던 아저씨가 꽃 같은 '안의 해'를 만나서일까. 거친 수염과 깊어진 주름은 간데없고, 말끔한 차림새로 훤하게 바뀌었다. 보는 이의 마음까지 그렇게 싱그러울 수가 없었다.

새댁은 윤기 어린 머릿단을 뒤로 질끈 동여맸다. 머릿단에는 필리핀을 품은 태평양의 파란 바람 몇 가닥도 함께 묶였으리라. 청해수산에 가득한 바다 냄새는 여인의 머릿단에 묶여 있는 그 바람 때문일지도 모른다.

아저씨는 쉰이고, 여인은 서른이란다. 아저씨가 동안(童顔)이라서 스무 살의 차이도 이 부부에겐 무난해 보인다. 청해수산 생선들 틈으로, 머지않아 바다에서 갓 건져 올린 고등어 같은 쉰둥이가 아장거릴 것 같다. 새싹은 땅에서만 돋는 게 아니듯, 이들 부부 사이에서도 연둣빛 새순이 돋을 것이다. 그때는 아저씨의 입꼬리가 귀를 넘어 뒤 꼭지에 걸릴까?

"좋은 사람 만나 잘하셨네요."

"예, 사람이 아주 착해유."

아저씨는 작은 덕담에도 연신 고맙다며, 소년처럼 싱글벙글거린다.

내 피붙이는 아니지만, 광야 같은 한 남자를 봄 동산으로 만들어 준 젊은 이국 여인이 찡하게 고마웠다.

말이 필요 없다. 눈빛으로 도란거리는 청해수산 다문화 부부. 그 모습이 다무락 위에 소곤대는 아침 나팔꽃 같다. 왠지 아주머니보다는 '새댁'이라고 불러주고 싶다.

복을 한 아름 빌어주고 조기 꾸러미를 받아 돌아서는데,

"손님 안녕 가요. 또 오요."

활짝 핀 나팔꽃의 서투른 인사말이 뒤꼭지에 차지게 달라붙는다.

시내산의 베두인

"정상이다!"

어둠 속에 숨어있던 거대한 붉은 바위산이 떠오르는 태양 앞에 모습을 드러낸다.

산이 아니라 끝이 보이지 않는 바위 산맥의 붉디붉은 바다였다.

지난 5월, 북수원교회 성지 순례단은 13일 동안 이집트와 이스라엘, 로마와 베네치아로 성지 순례를 다녀왔다. 시내산은 구약 성서에 여러 번 언급되는 산이다. 이번 순례 동안 가장 많은 비중을 차지한 여정이기도 하다.

우리는 이 산을 오르기 위해 새벽 1시에 숙소에서 출발했다.

긴 여정 속에서도 일행의 새벽 눈빛은 그 옛날 르비딤 전장에서 여호수아의 전사들처럼 씩씩하다. 일행은 한 치 앞을 분간키 어려운 어둠 속에서 손전등을 비추며 정상을 향해 걷는다. 낙타를 타고 오를 수도 있으나, 위험이 따른다는 가이드의 말에 그냥 걸었다.

현지 가이드 마호멧의 안내로 우리는 암호를 '북수원'으로 정하고, 앞서거니 뒤서거니 칠흑 같은 어둠을 헤치며 한 발 한 발 올라간다. 어둠 속에서 간간이 외치는 암호 소리에서 비장함이 배어난다. '북수원!'을 외치며 서로의 위치를 알린다. 사방은 어두운데 오직 하늘만이 별빛으로 열려있다. 우리들의 삶에서도 때때로 사면초가 되었을 때, 하나님은 열린 위쪽을 통해서 구하신다고 한다. 시내산을 오르는 그때의 상황이 바로 그랬다. 손전등 불빛에 드러난 발부리의 돌들은 계곡의 바위처럼 거칠었다.

위로 올라갈수록 별들은 점점 또렷했다. 별송아리가 정수리에 우수수 떨어져 내릴 것 같았다. 이미 떨어진 별빛은 발밑에 아삭 밟혔다. 거기에 끝없이 펼쳐진 은하수는 한밤중의 산행길에 동행했다. 은하수 흐르는 하늘가의 검은 산 능선은 낙타의 등 같다. 능선들은 어둠 속에서 낙타처럼 우줄우줄 걸어간다. '시내산 정상에서 만나게 될까? 저 많은 낙타 떼를….'

구불구불 이어진 손전등 불빛의 행렬이 흡사 여름밤 반딧불이의 춤사위 같다. 낙타 등 같은 산 능선에 매달려 있는 별들은 손을 받치면 금방이라도 한 움큼씩 쥐어질 것 같다. 맑은 별빛 한 모금으로 목을 적시며, 땅에 붙은 걸음을 억지로 뗀다.

우리는 중턱에 쉬면서 찬양을 불렀다. 시내산의 새벽 공기 속에 울리는 찬양은 천상에서 울리는 듯했다. '참 아름다워라. 주님의 세계는….' 각국 사람들이 고갯장단을 맞추며 따라 부른다. 이 새벽에 여기를 오르는 사람들은 국적을 불문하고, 동족 같았다. 그러니까 우리는 바벨탑 사건 이전의 백성들과 같지 않은가? 여기 모두들 언어는 다르지만, 찬양 곡조 속에 다시 바벨탑 이전으로 녹아들고 있다. 그때 낙타 세 마리가 가쁜 숨을 쉬며 겅중겅중 올라온다. 무릎이 편찮으신 권사님 세 분이 낙타 등에 봉을 붙잡고 의젓이 앉아 있다. 그 정성이 가상한지 큰 눈망울의 낙타도 최선을 다해 공손히 모시는 듯하다.

낙타몰이 베두인들의 흑진주 같은 눈이 금방이라도 또르르 굴러떨어질 것 같다. 그 눈 속에 어찌 거짓과 탐욕이 머무를 수 있으랴! 낙타의 끔벅이는 눈 또한 그들을 닮았다. 베두인 소년과 낙타는 순한 눈빛으로 하나 되어 험한 바윗길을 타박타박 오른다. 소년도 낙타도 성자 같다.

우리 일행이 3시간여를 올라 마지막 협곡을 지날 때쯤에야 희끄무레 날이 밝아왔다. 정상에서 일출을 보기 위해 풀어지는 다리에 속도를 붙였다.

"시내산 정상이다!"

앞서 가던 팀이 시내산이 쩌렁하게 외친다. 정상은 별들이 부서지며 새벽바람에 씻기고 있었다. 억겁의 세월이 거기 가라앉아 고여있다. 구름 위로 얼굴을 내미는 태양 빛이 드넓은 광야를 덮는다. 시내산에서 이스라엘 쪽으로 펼쳐진 끝없는 컬러드 캐니언을 바라보며 세계에서 온 많은 사람이 한목소리로 환호한다. 이 많은 사람들의 환호도 머지않아 메아리만 남고 육신은 땅과 바다에 스며들겠지. 정상의 모세교회 앞에서 우리는 예배를 드렸다. 머릿속이 시냇물처럼 맑아졌다.

내려오는 길에 바위산 기슭 움막에 사는 베두인(원주민)들의 삶을 가까이서 볼 수 있었다. 그들은 생활 여건을 전혀 바꾸려 하지 않는다고 한다. 국가에서 집을 지어주면, 그 집에는 낙타를 살게 하고 자신들은 움막에 기거한다니…. 움막은 광야에 쏟아지는 불볕을 가리기에는 턱없었다.

그들에게는 옷장 가득한 입을 거리도, 냉장고에 쌓인 먹을 거리도, 쾌적한 집도 이 모든 것 하나 없는 무소유(無所有)의 삶이다. 우리는 평생 이것들을 더 가지려고 아등바등한다. 시내산의 베두인, 그들은 무엇을 먹을까, 마실까, 입을까 걱정하지 않는다. 시내산의 붉은 바위 자락 갈피에서 한 마리 낙타처럼 살아가는 그들의 삶이 바로 천국이 아닐까 싶다.

포은(圃隱)

선죽교(善竹橋). 두어 자쯤 되는 돌비의 글씨가 혈서 같다. 그 옆에 널다리는 선비의 넋을 품고 누운 채 말이 없다.

경북 영천에 있는 임고서원. 서원 입구에서부터 구석구석 포은 선생의 혼과 정신이 배어난다. 여러 차례에 걸쳐 보수했다지만 건물 기둥 하나하나에 선비의 얼이 숨을 쉰다.

임고서원은 고려 말 충신 정몽주 선생을 추모하기 위해 조선시대 명종 때 춘천의 의암호 북쪽에 창건했다. 그런데 임진왜란 때 전소되고, 이후 선조 때 현재의 영천시 임고면에 중건했다고 한다. 고려의 충신인데도 조선왕조에서 그토록 추모하고 기렸으니 그분의 인품에 무슨 말로 덧댈 수 있을까 싶다.

고려가 조선으로 바뀌는 격동기에 정몽주는 고려 공양왕의 마지막 보루였다. 지금도 정치적인 격동기에는 도전자의 편에 서지 않았다는 명목으로 무죄한 생명들이 추풍낙엽처럼 날아가는데, 절대 군주 시대인 그때에야 오죽했을까.

호형호제하던 이성계를 문병하고 선죽교를 건너던 밤, 자신의 목줄을 따려고 시시각각 조여드는 이방원 일파의 발자국 소리를 어찌 못 들었으랴. 그럼에도 삭정이 같은 고려를 가슴에 품고 청죽 같은 일편단심을 지켰던 선비가 아닌가. 그날 밤의 처절한 비명 소리가 돌다리 틈새마다 들리는 듯하다. 돌 틈에 쟁여진 그 소리는 억겁이 지나도 이곳을 찾는 후세들의 귀를 울릴 것이다.

그는 목은(牧隱) 이색 선생의 문하에서 수학했다고 한다. 오직 충과 효를 생명보다 중히 여기는 선비 중의 선비였다. 요즘 같은 정가의 철새들 눈에는 그가 꽉 막힌 불통으로 보일지도 모른다. 절개가 권세를 보존해주느냐고 비아냥거릴지도. 그러나 그런 선비 정신이 사라져가는 이때에 우리는 다시 한 번 그분들의 가르침을 들춰봐야 할 일이다. 우리 아이들에게 그런 정신의 바탕 위에 양질의 교육을 더한다면 당찬 재목들이 될 것이다.

학례당 앞, 무게감을 주는 검정색 기와와 쪽 고른 서까래가 마음을 가지런하게 한다. 청람빛 하늘을 향해 사뿐히 날아오른 추녀 끝은 선비의 품위를 닮은 듯 여유롭고 단아하다. 학례당 넓은 마루에서 세월의 벽을 넘어 열혈들의 글 읽는 소리가 낭랑하게 들린다. 특히나 금석 같은 우정을 쌓았던 포은과 삼봉 두 소년의 어우러지던 푸른 웃음소리도 학례당 앞뜰에 단풍잎처럼 쏟아진다.

목은 이색 선생의 가르침을 함께 받았던 삼봉 역시 한 치도 다르지 않은 한국의 대선비였다. 그들은 왜 뜻을 달리하였을까? 한 때는 기울어가는 고려의 중흥을 위해 등불을 끄지 않고 머리를 맞대었을 두 선비를 그려본다.

형제보다 진한 우정을 키웠던 정도전과의 생각 차이는 두 사람이 극과 극을 달리는 정적의 관계까지 되었으니…. 한 사람은 황혼의 고려로, 한 사람은 떠오르는 조선으로 등을 돌렸다. 그 고통스런 우정을 후세인이 어찌 이해할 수 있으랴.

그렇다. 후세의 역사가들은 어느 누구 편도 들지 않는 것을 보면, 두 분 다 옳고 바른 사상가요, 용기 있는 실천가였던 것이다. 교활한 이방원은 자신의 지혜를 앞서 가는 두 사람을 다 이용한 후에는 차례로 제거했다. 그러나 이방원의 예리한 칼날도 두 분의 선비정신까지는 베지 못했기에 오늘 우리 후세들이 그 정신을 기리며 배우고 있지 않은가.

때마침 충효관에서는 남자 중학생들이 인성교육을 받고 있다. 고층 건물 시멘트 숲에서 보던 또래의 중학생들은 철부지 같았다. 이곳에서 보는 아이들은 같은 또래인데도 찰찰하고 믿음직스럽게 보인다. 걸음걸이 하나에도 선비의 예(禮)가 녹아 있는 듯하다. 충효관의 기둥 같은 아이들이 이렇게 자라고 있으니, 분명 이 땅에는 소망이 있는 것이다. 죽순 같은 우리 아이들의 인성을 다듬는 요람으로 이곳을 많이 활용했으면 좋겠다.

오늘날 많은 사람들이 우리 시대의 교육 시스템을 통째로 바꿔야 한다고 아우성이다. 아이들의 온갖 탈선이 그들 탓이 아니라 순전히 우리 기성세대의 책임이 아닐까 싶다. 인성교육은 고리타분하게 여기고, 눈에 보이는 성적표 숫자에만 몰두하는 우리 부모들이 시선을 바꿔야 할 일이다.

이제부터라도 이런 곳을 통해서 시험에 찌든 우리 아이들에게 여유를 많이 주면 좋겠다. 공부라는 짐을 내려놓고 이렇게 한적한 곳에서 옛 선비의 얼과 자신의 정신을 맞닥뜨려보게 하는 것이다. 진정한 자아를 만나면 부모가 안달복달하지 않아도 능동적인 인격체로 탄탄하게 자랄 것이다.

청청한 아이들을 뒤로하고 다시 선죽교 앞에 선다. 선혈 같은 글씨로 새겨놓은 자그마한 돌비. 글씨 한 획마다 포은 선생의 꺾이지 않은 절개가 꿈틀거린다.

일백 번 고쳐 죽을지언정, 까마귀 싸우는 골에 결코 발 딛지 않았던 포은. 백로 같은 그의 도포 자락이 선죽교 널다리를 하얗게 덮는다.

경운기와 아반떼

경운기가 아반떼의 코를 꿰찬다. 아반떼는 우아함을 포기하고 녹슨 경운기에게 코를 내맡긴다. 경운기는 있는 힘을 다해 아반떼를 반반한 길 위로 안아 올린다. 수더분한 경운기는 큰 오빠처럼 풀처럼 생색도 내지 않고 아량을 베푼다.

산골 밭에까지 차를 굳이 끌고 간 게 화근이었다. 언제부터 편하게 차를 타고 밭에 다녔다고. 조금만 걸어가면 될 것을, 오히려 낭패를 본 것이다.

며칠 전, 시골 여천에서 일어난 일이다. 유월 모종비 맞으며 심은 고구마밭이 궁금했던 것. 그날은 고구마 순도 많이 뜯을 요량으로 빈 마대자루를 가지고 차를 몰았다. 여우꼬리만큼 남은 해를 보고, 조급한 마음에 그만 망설이던 차를 기어이 끌고 올라갔다. 좁은 농로에서 다른 이에게 누가 되지 않으려고 순간 꽁무니를 밭 깊숙이 들이밀었다. '이만하면 완벽한 주차지.' 입꼬리에 오달진 미소까지 달았다.

해는 벌써 치잣빛 노을을 질펀하게 토해놓고 있었다. 고구마 밭두둑은 벌써 도도록하게 배가 올라와 있었다. 나는 바쁜 중에도 무성한 순을 제치고 두둑에 호미를 갖다 대었다. 여기저기. 고구마들은 열심히 알을 배고 있었다. 손주들 생각에 빨간 어린 고구마를 몇 개 캐려다가 그만두었다. 이제 돌배기 주먹만 하게 자라는 것을 차마 캐낼 수가 없었다. 흙을 다시 덮고 꾹꾹 눌러주었다. 따가운 가을볕에 손주들처럼 찰찰하게 크기만을 바라면서…. 고구마 순만 자루 가득 뜯었다. 홍옥처럼 익어가는 노을은 재바른 손길을 더욱 재촉했다.

액젓을 듬뿍 넣고 고구마순 김치도 하고, 순을 푹 삶아 된장 고추장 깨소금에 무쳐먹을 작정이다. 고구마순이 너무도 싱싱했다. 끙끙거리며 불룩한 자루를 옹골진 마음과 함께 차에 실었다. 해가 떨어지자 초가을 산골의 들녘은 어둑발이 더욱 빨리 내렸다. 어두워진들 어떠랴. 애마가 있어 든든했다.

그런데 이게 웬일인가? 시동을 걸고 출발하려는데, 엔진은 공회전만 했다. 서너 번을 거푸 시도했다. 그래도 차는 꿈쩍하지 않는다. 등줄기에서 진땀이 났다. 산정수리에서부터 깔리기 시작한 어둠이 이미 큰골 밭들을 덮고 있다. 겁이 덜컥 났다. 차에서 내려 차 주위를 빙 둘러본다. 이런, 뒷바퀴가 흙에 반쯤 박혀있지 않은가? 주차할 때는 괜찮았는데…. 시동을 걸 때마다 바퀴가 비탈진 밭둑에 두더지처럼 흙 속으로 파고들어 갔던 것. 비 온 뒤끝이라 밭이 무르다는 것을 생각하지 못했다. 나를 향해 '아이고 멍청아.'를 반복했다.

차를 그냥 시골집에 두고 올 걸. 뒤늦게 후회를 했다. 가슴은 점점 콩닥거렸다. 아무리 둘러봐도 들에는 사람 그림자 하나 보이지 않았다. 어스름에 둥지 찾는 뻐꾸기 소리만 들려왔다. 차 주위를 빙빙 돌며 '어떡하지.'를 주술처럼 되뇌었다.

궁하면 통한다고 했던가. 우리 밭에서는 꾀나 먼 곳이지만 농막을 짓고 소를 기르는 집이 하나 있었다. 체면 불고하고 토막 숨을 몰아쉬며 그 집으로 달려갔다. 평소에 안면도 없는 아저씨였지만 사정을 듣고는 안타까워했다. 그 모습만 봐도 안심이 되었다. 곧바로 아저씨는 창고로 향했다. 창고에서 느긋하게 쉬고 있던 경운기는 영문도 모르고 끌려나왔다. 아저씨는 두어 발쯤 되는 튼실한 밧줄도 함께 챙겼다.

해가 저문 들녘에 경운기 소리가 딸딸딸 울렸다. 산새들이 놀랐는지 여기저기 날갯짓을 했다. 아저씨는 주차되어있는 차

앞에 경운기를 댔다. 눈을 가느스름히 뜨면서 경운기를 차와 같은 방향으로 비스듬히 댄다. 준비한 밧줄도 경운기 꽁무니와 아반떼의 코 밑에 연결한다. 이윽고 아저씨는 경운기에 오르더니 나에게 차 시동을 걸어보라고 했다. 경운기가 먼저 딸딸거리며 앞으로 두어 걸음 나아갔다. '차야, 제발 집에 가자.'며 엑셀레이터를 조심스럽게 꾸욱 밟았다.

"아! 이런 일이…."

엉덩이를 뒤로 빼며 꿈쩍도 하지 않던 차가 벌떡 일어섰다. 그리고는 내가 언제 안 가겠다고 떼를 썼냐는 듯이 두 눈 말똥거리며 빠져나왔다. 경운기의 힘이 대단했다.

우리의 삶도 때로는 무저갱 같은 수렁 속에서 허우적거릴 때가 있다. 누군가의 도움은 절실히 필요하다. 서로 도움을 주고, 도움을 받는 사회는 얼마나 아름다운가? 그래서 만물이 의미가 있고, 특히 사람과 사람 관계는 더욱 중한 것이 아닌가 싶다.

며칠 전만 해도 그저 경운기는 시골의 흉기로 좋지 않게 보던 터였다. 가로등도 없는 편도인 지방도로를 야행할 때 원망의 대상이 된 적이 있기 때문이다. 추월도 할 수 없는 좁은 길에서 경운기를 천천히 뒤따라가야 했다. 후미등도 없는 경운기 뒤를 세월아 네월아 하면서 가야 했던 것. 경운기가 자기 동네로 뻗은 오솔길로 접어들 때까지 아반떼도 한참을 뒤따라 기어야 했다. 그뿐 아니다. 캄캄한 도로에서 편도에 그대로 세워 놓은 경운기를 만나 깜짝깜짝 놀라기도 했다. 경운기는 농촌에서 지게 대신 꼭 필요하지만, 밤길의 지방도에서는 분명 복병 같은 존재였다.

그런데 아반떼는 경운기의 도움으로 질곡에서 사뿐히 벗어났다. 살아가면서 나도 누구에게 한 번이라도 오늘 경운기처럼 요긴한 사람이 되고 싶다.

어미 닭 같은 친구

"나 순자야. 오랜만이다. 오늘 시간 괜찮으면 점심같이 하자."

"그래, 반갑다. 네가 이쪽으로 온다고?"

그녀는 내가 퇴직하기 전의 직장 동료였다. 그 친구를 만날 때마다 비바람에도 병아리를 잘 품어 키우는 어미 닭을 생각하게 된다.

며칠 전이었다. 퇴직 3년 차인 남편은 등산을 가고, 나는 까칠한 그의 리모컨 역할에서 해방되던 날이다. '오늘은 호젓할 때 대어는 아니더라도 중치라도 한 마리 낚아야지.' 하며 글 꼬투리를 잡아보려고 끙끙대고 있었다. 그때 전화벨이 울렸다. "웬 불청객이지?" 전화 코드를 빼두지 않은 걸 후회하며 수화기를 들었다. 웬걸 반가운 친구의 목소리다. 그녀의 낭랑한 목소리가 전화선을 타고 또르르 건너온다.

방금까지 글감 찾아보려고 쥐어짜던 머리에는 그럴싸한 글꼬투리 대신에 전화 속 친구의 목소리만 가득하다. '오랜만에 만나는 친구에게 후줄근하게 보이지는 않아야 할 텐데 언제 준비하지?' 하는 마음이 드니 바빠진다. '옷은 어떤 걸로 입을까, 신발은 무엇을 신고?' 장롱을 뒤지고, 신발장을 열어젖힌다. '이런 때를 위해서 평소에 옷과 신발 구색을 맞춰 두어야 하는데….' 후회가 일었다.

옷장에 옷이 빼곡한 것 같아도 막상 입고 나가려면 선뜻 손에 잡히는 게 없다. 옷 정리할 때면 버리지 못하고 다시 걸어두기를 30여 년 반복했으니 누구를 탓할 것인가? 신발도 신발장 가득 들었다. 괜찮다 싶은 것으로 죽 내려놓는다. 그러나 겨우 골라 입은 옷에 맞춰 신으면 색깔과 모양이 영 마뜩잖다. 옷은 옷대로 신발은 신발대로 따로 노는 듯하다. 그렇게 장롱과 신발장을 오가고 있는데, 친구는 벌써 아파트 앞에 도착했다는 전화다. 그냥 주섬주섬 챙겨 입고, 신발을 신는다. '젠장, 있는 대로 보여주자. 반갑게 만나면 그만이지 껍질이 무슨 대수냐.' 시간이 없는데, 엘리베이터는 지하 2층까지 내려가 있다. 17층에 사는 것이 불편하다는 생각이 들었다.

"아이고 얼마 만이냐?"

친구의 서글서글하고 질박한 모습은 예나 지금이나 여전하다. 얼굴은 더욱 환하다. '그래, 아이들이 이제 다 졸업하고 취업도 했다고 그랬지.' 사람의 얼굴에는 그 사람의 생활상이 확연히 그려지는 것 같다. 친구의 얼굴이 많이 폈다. 이제 고생 끝나고 행복이 시작된 듯이 보인다.

친구는 모자 가정의 가장이다. 그녀의 남편은 아이들 남매가 철부지 사춘기일 때 지병으로 세상을 떠났다. 그렇지만 아이들 키울 걱정이 앞서서 슬퍼할 겨를도 없었다고 한다. 해가 뜨고 달이 지고, 계절이 바뀌는 것도 모른 채 앞만 보고 뛰었다. 그녀는 이런 말을 했다.

"눈물을 흘리며 실컷 울 수 있는 사람은 그래도 덜 급한 사람이야."

집에서 살림만 하던 그녀가 어느 날 갑자기 가장이 되면서 철인(鐵人)이 되어갔다. 낮에는 전기 검침하는 일로 골목골목을 누볐고, 저녁에는 늦도록 식당에서 아르바이트하는, 이른바 투잡을 했다. 스스로의 고삐를 바투 잡고 경주마처럼 질주했다. 그래서 그녀는 늘 잠이 부족했고, 낮에는 눈이 충혈된 채 일을 했다.

그렇게 밤낮없이 생활전선의 투사가 되어갔다. 그러한 친구의 정성은 헛되지 않았는지, 아이들 남매는 반듯하게 잘 자라났다. 아들은 의과대학을 졸업하고 어엿한 내과의사가 되었고, 딸은 대학을 졸업하고 공무원이 되었다. 올해는 자그마한 아파트도 마련했다고 한다. 남매는 엄마에게 이젠 일손 놓으라며 등을 다독인다고 했다. 그녀의 고생을 알아주는 남매가 마치 내 아이들처럼 뿌듯했다.

"부부가 합심해서 자식을 길러도 어려운데, 너는 혼자서도 그 이상을 했구나."

"그러게 애들을 어떻게 키웠는지 모르겄어야. 내가 생각해도 내가 참 기특혀. 우리 애들도 그렇고."

그녀와 아이들은 자신이 말한 것처럼 참으로 기특한 인물들이다. 백 개의 입이 있다 해도 칭찬이 모자랄 것 같다.

이들 세 식구가 살아가는 것을 보면, 내가 어릴 때 시골집 마당에서 놀던 어미 닭과 병아리 떼를 보는 것 같다. 양지바른 울타리 밑에서 병아리를 종알종알 달고 놀다가 소나기가 갑자기 쏟아지면 어쩔 줄 몰라하던 어미 닭. 딸린 병아리들 때문에 마루 밑에 있는 닭장 안으로 뛰어가지도 못했다. 어미 닭은 당황하다가 그냥 그 자리에서 우리 엄마의 무명치마 같은 날개를 좍 펴고 엉거주춤 앉았다. 바들바들 떠는 병아리 떼를 급히 불러 모아 날개 밑에 품었다. 품은 채로 빗물이 줄줄 흘러가는 마당 가운데서 작달비를 마냥 내리 맞았다. 병아리의 단풍잎 같은 발들이 포개진 채 날개 밑으로 삐져나와 무척 애잔했다. 어미 닭도 그것을 아는지 날개를 좀 더 넓게 펴려고 안간힘을 썼다. 유리구슬 같은 눈알을 바쁘게 껌벅거리며, 입으로는 연신 '꾹꾹꾹' 소리를 냈다. 어미 닭은 '괜찮아, 괜찮아. 조금만 참으면 비가 그칠 거야.' 하면서 갑작스런 작달비에 놀란 병아리들을 안심시키는 듯했다.

소나기가 싸리비로 쓸 듯 마당을 훑고 지나가면, 햇살이 거짓말처럼 쨍하고 얼굴을 내밀었다. 어미 닭은 그때서야 함빡 젖은 날개를 털고 병아리 떼를 오르르 내놓았다. 어미 닭의 깃털은 빗물로 흥건했으나 그 속에서 병아리들의 노란 털은 보송보송한 채로 포르르 날아 나오곤 했다.

오늘 만난 친구의 다부진 양쪽 어깨에 어미 닭의 소나기에 젖은 날개가 곱게 접혀 있다.

칭 찬

"이 잘 난 선생은 꼬박꼬박 받은 월급으로 밥걱정 없이, 소질도 없는 글을 긁적였는데, 전업 작가인 너는 눈물 젖은 빵을 먹으며 영혼의 글을 썼구나."

2009년 조선일보 에세이란에 실린 어느 초로의 여선생님의 글이다. 제자인 이철환 소설가를 생각하며 그의 중학교 때 선생님이 쓴 것이다.

요즈음, 이철환 소설가의 『연탄길』을 숙독하고 큰 감동을 받고 있던 참이다.

그러던 터에 여선생님의 진솔한 고백의 글이 더욱 아리게 읽혔다. 이철환 소설가는 「오랜 기다림」이라는 글에서 이런 말을 하고 있다.

'세상이 짐승스럽게 변해가도 사랑은 여전히 우리 곁에 남아 있다. 어둠 속에서도 불빛 속에서도 변하지 않는 것이 사랑이다. 슬픔과 어깨를 걸고 봄을 기다릴 줄 아는 게 사랑이다. 희망을 포기하지 않는 자는 세월을 견딜 수 있다.'

사랑의 위대함과 지속성, 사랑의 방법 등에 대해서 일갈하는 글이 아닌가? 이철환 소설가의 글을 읽고, 가난이 궁상맞고 불편한 것만은 결코 아니라는 것. 가난은 바라보는 눈과 마음에 따라서 그렇게 소중한 '사건'이 될 수 있다는 것도 뒤늦게 알았다. 사막 같은 삶을 걸었음에도 티끌 하나 묻지 않은 그의 영혼이 글 행간마다 배어있다.

그는 어머니의 가슴을 가진 여선생님이 계셨기에 이 시대의 보석 같은 사람으로 다듬어질 수 있었던 것 같다. 여선생님을 푯대로 삼고 어려운 환경에서도 올곧게 견디어낼 수 있었던 것. 너덜너덜한 가난은 그의 가슴을 파고들어 오늘의 진주 같은 작품들로 쏟아져 나온 것이다.

여선생님은 솜털 뽀송한 중학생 제자의 일기를 보고 그의 재능을 발견했단다. 또 제자는 그 동기부여로 인해 작가로서의 꿈을 키웠다고 한다. 작가는 그 여선생님의 '너의 글에는 진실이 있다.'라는 한마디를 듣는 순간 마음속 깊이 묻혀 있는 심비(心碑)에 새겼을 것이다. 새겨진 그의 꿈 씨가 자라 영혼을 울리는 데까지 장성했던 것. 그 꿈 씨가 자라는 데는 필시 눈물로 물을 주고 열정으로 북돋워서 싹을 틔우는 피나는 노력이 따랐으리라. 그래서 그는 평생 진실이 담긴 주옥같은 글을 쓰게 된 것이 아닐까?

나에게도 어찌 그와 같은 선생님이 아니 계셨을까만, 시냇물처럼 흘려보낸 철부지 시절이 그저 안타까울 뿐이다.

교직에 있는 두 딸에게 이 선생님 이야기를 해주었다. 그리고 새순을 키우는 마음을 가지고 아이들 하나하나 살펴보라고 당부했다. 딸들이 그 선생님처럼 아이들의 초롱초롱한 눈망울 속에서 예쁜 심성과 재능을 발견할 수 있으면 좋겠다. 나아가 딸들이 그런 수많은 꿈나무를 길러 내어 우리 사회를 알차고 포근하게 만든다면 얼마나 큰 보람이고 영광된 일일까?

그 선생님은 글의 말미에서 제자에게 이런 당부를 했다. '정치에 이용당하지 말고 진정한 문학 냄새가 나는 좋은 글을 써라. 가슴으로 글을 쓰고 그 영혼의 향기가 사람들에게 힘과 용기를 주고 삶의 자세를 가다듬게 하는 지침서 같은 글을 계속 써라.'

그렇다. 학자는 학자의 길을, 예술가는 예술가의 길을 장인 정신으로 마냥 갔으면 좋겠다. 옆길로 새는 것은 외도요, 오입이다. 어느 나라, 어느 시대에도 학자와 예술가의 길을 버리고 정치에 휩쓸려 치국평천하를 이룬 사람은 드물고, 칭송도 받지 못했던 것 같다.

비단 거창한 지위에 있는 사람만이 아니다. 갑남을녀일지라도 각자 제 위치에 만족하고 소임을 다하다 보면, 그 작은 열매들이 모여모여 실진 세상을 이루는 것 아닐까? 길가에 오보록이 핀 제비꽃이 풀잎에 가려져 있어도 언젠가는 그 아리잠직한 모습으로 길손의 마음을 사로잡듯이.

어렸을 때 일기를 통하여 들었던 선생님의 진심 어린 칭찬 한마디. 그것을 스쳐 듣지 않고 가슴에 품고 평생 한길로 매진한 이철환 소설가. 그의 글들은 심심계곡의 벽계수요, 흡사 천리향 같다. 그의 향기는 사회 구석구석에 배어서 지친 영혼들을 소쇄하게 씻어준다.

늦었다고 할 때가 빠른 때라고 하지 않던가. 이제라도 내 작은 심비에 낀 더께를 걷어내고, 여선생님의 말씀 한 구절 마음판에 새겨야겠다.

눈물 젖은 빵과 영혼의 글이 종일 맴돈다.

그 아이에 그 엄마

문제아들을 보면, 필히 그 배경에 문제의 부모가 있다고 한다. 수업 시간에 산만한 아이의 부모님을 보면 그 자녀와 똑같다고 하는 것. 남에 대한 배려와 이해심은 전혀 없고, 오로지 이기심과 책임 전가로 똘똘 뭉쳐있다는 것이다.

얼마 전, 딸이 근무하는 초등학교에서 있었던 일이다. 영어 수업을 하는데 한 아이가 처음부터 귀를 막고 있더란다. 다가가서 왜 그러느냐고 물었더니, 아이는 아무렇지 않게 '미국에서 3년이나 살다 왔으니, 선생님 말은 들을 필요 없어요' 하더라는 것이다. 얼마 후, 문제의 그 아이 엄마가 학교에 찾아와서 밑도 끝도 없이 '우리 아이가 교내 회화 대회에서 왜 1등이 아니고 3등이냐.'고 항의하더란다.

어떤 학교에서는 6학년 여학생들이 새로 부임해 온 여자 담임을 왕따시키려고 말끝마다 대꾸하는 바람에 휴직을 한 일도 있다고 한다. 이뿐만이 아니다. 학부모가 교실로 찾아가 교사를 폭행하는가 하면, 중고등학교에서는 교사와 학생 간에 난투극이 벌어지는 일도 있다. 그래서 이런 일로 한 여교사는 우울증 끝에 자살한 경우도 있단다.

요즘 초등학교에서는 학생의 인권 때문에 일기 검사도 못 한다고 한다. 그러니 교사들은 예전처럼 책임감을 갖고 아이들을 지도할 수가 없다는 것이다. 그저 직업적인 지식의 전달자 역할만 할 뿐이라는 것. 일기 검사는 아이의 성격과 꿈, 취미와 재능, 글쓰기지도, 생활관찰 등을 할 수 있는 순기능적인 측면이 엄청 큰 대도 인권에 막혀 있다.

내가 초등학교 다닐 때만 해도 선생님이 일기 검사를 하면 일기 끝자락에 꼭 몇 마디 적어주셨다. 그러면 선생님의 사랑 어린 말씀 한 줄을 읽고 또 들여다보면서 깊이 새기곤 했다.

중학교 때, 일기 끝 부분에 써주신 선생님의 그런 한 마디에 힘입어 이철환 씨는 대작가로 성장했다고 한다. 학생인권이란 것이 선생님과 학생 간의 아기자기한 사랑의 통로를 막고 있지나 않은지 돌아볼 일이다.

어떤 학부모는 학원에서 선행학습을 마친 자기 아이 중심으로 수업을 해주지 않는다며 항의를 해온 적도 있다. 그것도 담임에게 먼저 가는 것이 아니라 교장실로 가서 따진다고 했다. 이렇게 선생님을 무시하는 엄마에게서 아이는 무엇을 배우며 자랄까? 말도 안 되는 이기심으로 인해 학생과 선생님과 학부모 간의 신뢰는 점점 무너져가고 있는 것이다.

예전에 순후한 우리 어머니들은 어쩌다 학교에 가게 되면, 선생님 얼굴을 어려워서 감히 쳐다볼 수도 없었다. 그런데 요즘의 학부모들은 달라도 한참 다르다. 그래서 교단에 서는 일이 점점 힘들어진다는 선생님들의 하소연을 많이 듣게 된다.

우리는 너나없이 내 새끼, 내 자식만을 두둔한다. 그러면서 미미한 너울 가지를 그나마 내 울타리 안으로만 바투 잡아맨다. 교장실로, 교육청으로 내닫기 전에 부모가 사랑의 회초리를 먼저 든다면 어떨까? 선생님들의 체벌 운운하기 전에 부모가 먼저 사랑의 매를 드는 일이다. 동부레기 같이 나부대는 우리 자녀들에게 묘약이 될 것 같다. 가정에서 인성의 기초를 다져놓을 필요가 있다. 공교육의 정상화를 위해 교육에 대한 인식도 달라져야 한다. 우리는 조기 교육이니, 과외니 하며, 처음부터 밖에서만 해법을 찾으려 든다. 내 아이가 행여 차별을 받지 않나 하는 조바심도 버려야 할 때이다.

옛날 어른들은 귀한 자식일수록 엄하게 가르치라고 했다. 자녀가 열인들 어찌 귀하지 않을까마는 요즘은 하나 아니면 둘이라서 더 귀할 수밖에 없다. 그러니 회초리를 더욱 아끼지 말아야 할 일이다. 그런데 잘잘못은 고사하고 엇나가는 자녀를 안팎에서 두둔하고 나서기 일쑤다.

엊그제 서울 지하철 4호선에서의 일이다. 사당역에서 다섯 살쯤 되는 아이와 그 애의 엄마인 듯한 30대 중반으로 뵈는 아주머니를 보았다. 허벅지가 다 드러나는 그녀의 아슬아슬한 반바지는 흡사 걸 그룹의 소녀가 아닌가 싶었다. 그녀는 신문을 읽고 있는 노신사 옆자리에 털썩 앉았다.

아이는 자리에 앉지도 않고, 조금 있으려니 풀밭의 여치처럼 이리저리 뛰어다니기 시작했다. 옆 사람을 툭툭 건들기도 했다. 그래도 아이의 엄마는 아랑곳하지 않았다. 그녀는 눈을 깜빡도 않고 오직 스마트폰 화면에 고정하고 있다. 귀에는 하얀 리시버를 탯줄처럼 달고….

띄엄띄엄 앉아 있던 승객들의 시선이 그들 모자에게 쏟아졌다. 그 모자에겐 승객들의 펄펄 끓는 시선도 뜨겁지 않은 모양이었다. 급기야 옆자리에 앉은 할아버지가 돋보기를 위로 밀치고 한 말씀 던졌다. '아이 좀 잘 가르치시우.' 하고…. 그러나 그녀는 죄송하다는 말은커녕 웬 간섭이냐는 듯 흘끔 쳐다볼 뿐,

다시 스마트폰에 눈과 귀를 집중했다.

동부레기 같은 아이는 더욱 제멋대로였다. 할아버지는 말이 통하지 않는 여자임을 간파했는지 '허 참!' 한 마디 내뱉고는 신문으로 눈을 돌렸다. 다른 사람들도 속으로 혀를 끌끌 차는 모습이 역력했다.

'세 살 버릇이 여든까지 간다.'는 말이 있다. 어릴 때, 특히 유아기에 부모가 인성의 기초를 잡아주지 않으면 망아지처럼 드세져 결국은 사회의 문제아를 만든다. 요즘 젊은 부모들이 지긋한 어른들의 충고를 간섭이라며 튕겨내지 말았으면 좋겠다. 남새밭의 상추 같은 자녀들의 미래를 위해서도….

더불어 살아가는 세상에서 진심 어린 충고와 사랑, 신뢰가 쌓여 숙성되지 않고는 모든 관계가 차진 기 없이 겉돌 뿐이다. 친구나 사제, 이웃, 가족관계 등이 모래알같이 성글어진다면 참으로 엄청난 재난의 사회가 될 것이다.

자주 만나는 친구일수록 수다거리가 더 많은 것처럼 자녀도 부모와 비비대는 시간이 많아야 할 것 같다. 그러면 이야깃거리가 많아질 것이다. 이야기가 통한다는 것은 서로 피가 흐른다는 것이다. 교양이 있고 기본이 서 있는 밝은 가정과 학교, 사회, 이런 곳에 어떤 문제아가 있을 것이며, 어떤 동맥경화증에 걸린 사회가 있을까 싶다.

전철에서 아이와 엄마를 보면서 문득 일본 방식의 자녀 교육이 떠올랐다. 일본 부모들은 늘 아이들에게 이 말을 들려준다고 한다. '남에게 피해주지 말라.'라는 것이다. 음식점에서 혹은 백화점 등 공공장소에서 한국 아이들처럼 행동하면 부모는 당장 그 자리에서 회초리를 든단다. 그래서 일본에 가면 하루에도 수백 번씩 '스미마셍'이란 말이 들려오지 않는가. 선진 외국에서도 하루가 지나면 어느덧 내 입에서 '익스큐즈 미' 가 자연스럽게 튀쳐나온다.

우리가 문화 선진국으로 나아가려면 바로 이런 자그마한 배려, 교양 있는 마음부터 아이들에게 심어주어야 할 것 같다.

태양초

주머니 속에서 금화가 잘랑거린다. 추석을 며칠 앞두고 여천 시댁에 다녀왔다. 바삭한 고추 삼십여 근을 오보록이 부었다. 작은 산더미만 하다. 새색시 다홍치마 같은 태깔이 손끝에 자르르 감겨온다.

고추 꼬투리를 떼어낸다. 벌써 두어 시간째다. 떼어낸 꼬투리는 흡사 생후 이레 만에 말라 떨어진 딸들의 탯줄이다. 코끝의 알싸한 냄새는 연신 재채기를 끌어올린다. 콧물이 눈물인지, 눈물이 콧물인지…. 고추 속에는 초가을의 말간 햇살이 불룩이 담겨 오글거린다. 순천만 수평선에 낭자한 저녁노을도 들어있다. 그뿐이 아니다. 고추는 해풍에 실려 온 달착지근한 새조

개 냄새와 쫄깃한 주꾸미 맛도 담뿍 담고 있다. 고추밭을 병풍처럼 둘러친 산자락 속의 소쩍새, 멧새들의 울음소리도 고추더미 속에서 장단을 맞춘다. 먹물 같은 어둠에 잠긴 밤, 고추밭 고랑에 쏟아져 와글거리는 별들의 수다도 버석거리는 고추 사이에 아스라이 들린다.

유난히 비가 많은 올해, 이렇게 고운 고추와 대면할 수 있는 것은 오로지 시어머니의 정성 때문이다. 하루걸러 내리는 장대비 속에서, 널었다 거두기를 수 없이 반복하신 어머니의 굽은 허리가 활처럼 휘어지다 못해 기역 자가 되었다.

"꼬치는 볕에 말려야 꼬치장도 곱고, 겨우내 맛난 김치를 먹을 수 있는 겨."

팔순이 넘으신 어머니의 변함없는 신조다. 그래서 건조기에 말리는 손쉬운 방법을 마다하고, 굳이 멍석 위에 고인 햇살로 말리기를 고집한다. 고추 하나가 열리고, 익어서 딸 때까지 어머니의 갈퀴 같은 손길은 쉴 새 없이 고추와 함께한다.

해동한 땅의 들숨과 날숨이 새순마다 자욱이 엉힐 때, 어린 고추 모종을 심고 보드라운 흙으로 도도록이 북돋워 준다. 갓난아이 같은 모종에 버팀대를 세워 묶어준다. 어린 모종은 자글거리는 삼복 햇살에 짓눌려, 잎을 축 늘어뜨리고 목말라 한다. 배고파 자지러지는 아이에게 서둘러 저고리 섶을 걷어 젖을 물리듯, 어머니는 손 빠르게 물 호스를 늘인다. 고추 모는 시원한 물을 불룩하게 빨아 먹는다. 시들었던 고춧잎들은 금방 팔랑팔랑 깃을 세운다.

김을 메주고 거름을 주고, 간간이 살충제 파라티온도 연하게 물에 타서 뿌려준다. 여린 모종은 어머니의 정성에 짱짱한 고추나무가 된다. 초여름이면 하얀 나비 떼 같은 꽃을 피워 들판이 장관이다. 산과 들이 진초록으로 바뀔 때면, 하얀 꽃이 진 자리마다 갓난아이 손가락 같은 고추가 조롱조롱 맺힌다.

툇마루 끝에 매달려 있던 햇발이 마루 깊숙이 들어앉을 때, 고추는 순천만 수평선을 넘어오는 산들 바람에게 토실한 알몸을 내맡긴다. 귓불을 태운다. 고추는 온통 노을빛으로 짙게 물든다. 고추밭이 붉다. 그때부터 어머니의 모지라진 손끝은 더욱 바빠진다. 싱싱한 고추를 소쿠리 가득 따며, '사랑스럽다'를 반복하는 어머니. 골 깊은 구릿빛 이마에는 차진 웃음이 고인다.

서른두 해전에 큰 아이를 가졌을 때 일이다. 밥을 먹다 말고 입덧이 심한 새색시는 부끄러움도 잊은 채 왝왝거렸다. 어머니는 텃밭으로 내달려 풋고추를 한 움큼 따왔다. 그리고는 내 키만큼 크고 투박한 항아리에서 곰삭은 된장을 떠다가 푹 꽂아 주었다. 알큰한 풋고추 냄새가 메슥거리는 오장육부를 순식간에 잠재웠다. 시원한 우물물에 찬밥 말아서 게눈 감추는 듯했다. '고추 꼬투리 같은 탯줄을 타고 들어간 알싸한 풋고추 맛에, 달걀만 한 태아가 놀라지나 않았을까?' 허기를 한껏 채우고 그제야 햇병아리 모성이 살아났다. 삼십 여년이 지난 지금도, 그때 철부지 며느리를 흐뭇해하던 어머니의 모습은 잊을 수 없다.

그 해에 나는 딸을 낳았다. 두 번째와 세 번째도 딸이었다. 그래서 시아버님의 소원을 이루어드리지 못했다. 아버님은 산달이 되면 매번 튼실한 왼새끼를 꼬아 놓고 기다렸다. 그러나 거기에 붉은 고추와 솔가지를 끼운 금줄을 삽짝에 내거는 기쁨을 끝내 누리지 못했다. 붉은 고추더미 위에 지금은 뵐 수 없는 아버님의 모습이 클로즈업된다.

꼭지를 다듬은 태깔 자르르한 고추는 단골로 다니는 방앗간에서 곱디고운 가루로 변신했다. 방앗간 아주머니는 고추 빛깔이 참 좋다고 연신 뒤적인다. 어머니의 손끝에서 나고 자라 익었으니 오죽할까. 고추는 이제 자신을 값없이 주기 위해 부서질 준비를 한다. 비장한 모습이다. 애잔한 눈길을 차마 볼 수 없다. 고추는 기계 버튼 누르는 소리를 신호로 하여, 바스러지는 고통을 입에 물고 분쇄기 속으로 인해(人海)처럼 달려든다. 소리 없는 그들의 아우성이 고막을 찢을 듯이 귓가에 매달린다.

김장철이 되면 고춧가루는 배춧속 갈피갈피에서 매운맛을 삭힌다. 조기 매운탕에 솔솔 뿌려진 칼칼한 맛은, 더위에 시든 사위들의 입맛에 생기를 얹어준다. 갖은 채소와 어우러진 얼큰한 고추장 불고기는 학업에 지친 막내딸의 구미를 돋운다.

어머니의 태양초는 많은 사람에게 칭송을 듣지만, 끝까지 자만하지 않는다. 윤기나는 자태는 육중한 기계 속에서 가루로 부서져 오롯이 간데없다. 그러나 그들은 서러워하거나 남을 원망하지 않는다. 입에 발린 얄팍한 공치사는 한사코 손사래로 사양한다.

탐스럽던 줄기와 잎과 열매를 다 내려놓는다. '만물의 영장'이랍시고 내 것도 내 것이고, 네 것도 내 것인 양 판치는 세상에서.

보도블록

5월의 햇살이 보도 위에 녹아내린다. '불혹의 나이쯤 되었을까?' 벙거지 모자 깊이 눌러쓴 아주머니와 아저씨가 보도블록을 나르고 있다. 두 사람의 이마에는 땀방울이 송송 구른다. 땀을 훔쳐내는 목장갑은 거친 블록에 닳은 듯, 삐져나온 손가락이 햇살을 거머잡는다.

며칠 전, 외출 중에 갑자기 불청객을 만났다. 때 아니게 우박과 소나기가 함께 쏟아졌다. 엉겁결에 하늘을 손바닥으로 가린 채 허둥지둥 뛰었다.

"어, 이를 어째!"

정신없이 뛰어가다가 이가 맞지 않은 보도블록을 퍽 밟았다.

흙탕물이 용수철처럼 솟구쳤다. 바짓가랑이는 물론, 블라우스 앞섶까지 흙탕물로 흥건했다. '비 좀 덜 맞아보겠다고 허둥댔던 내 탓이지.' 하면서도 평소에 정비해놓지 않은 S 시청을 원망하는 마음이 흙탕물만큼이나 일었다.

그날 아침, 멀쩡하던 날씨만 믿고, 베이지색 바지에 능소화 빛 블라우스를 차려입고 나갔다. 그런데 날씨가 심통을 부릴 줄 누가 알았나. 뭇 사람이 뱉어버린 껌으로 깨순이가 된 블록 한 장이 허둥대는 내 발걸음에 놀란 듯 벌떡 일어섰던 것. 걷다 보니 그런 곳이 한두 곳이 아니었다. 목재상 앞길은 블록들이 온통 움쑥 들어갔다. 거기에 고인 빗물에 길가 은행나무가 들어앉을 정도다. 아름드리 목재를 실은 트럭이 수시로 짓누른 까닭이리라. 그날도 바퀴가 여덟 개씩이나 달린 트럭이, 보도 위에 천하장사처럼 떡 버티고 있었다. 목재상 주인은 행인들에게 미안한 기색 하나 없이 입을 헤벌리고 한 다발 지폐를 세기에 바빴다. 보도야 어찌 되었든지 불룩한 전대(纏帶)는 출렁이는 주인의 배 위에 전복(錢腹)처럼 매달려 있다. '세계 문화유산에 등재된 화성 앞길이 이래도 될까?'

며칠 후, 그때의 내 불평이 S 시청 신문고라도 울렸을까? 인부들이 장안문 앞 보도를 단장하고 있었다.

"여보, 이것 좀 잡아."

벙거지 모자 아주머니 부부는 청색 노끈을 마주 잡고 줄을 맞춰가며 블록을 깔고 있었다. 호흡이 척척 맞았다. 그 끈은 오십 년 전, 시골집 마당 초례청에서 둘째 언니와 형부를 부부로 맺어주던 청실홍실 같았다. 언니의 쪽진머리 위엔 칠보단장한 족두리에 호접 한 쌍이 하르르 떨었고, 동네 사람들의 훈훈한 덕담에 언니의 볼그름한 연지곤지는 초례청을 붉게 물들였던 그날의 모습처럼.

그 아주머니 부부는 중고등학생 자녀를 두었음 직했다. 새벽같이 일어나 아침 짓고, 아이들 학교 보내고 서둘러 일을 나왔으리라. 그런데도 부부는 힘든 기색이 없었다. 일할 수 있음에 감사하는 마음이 상글거리는 얼굴에 화답하듯 구릿빛으로 빛나고 있었다.

우리 부부에게도 삶이 버거울 때가 있었다. 혼합곡 포대가 홀쭉해지는 것을 들춰보며 안타까워했고, 찬밥 한 덩이를 서로에게 밀어주던…. 그때는 힘들다는 생각에 앞서, 하루하루 가족이 건강한 것만도 오히려 감사했고 흡족했다.

어느새 복닥거리던 시간이 차창 밖의 풍경처럼 달음박질하고 있다. 아이들이 장성해서 떠난 요즘, 휑뎅그렁한 집안은 운동회 끝난 해거름의 운동장처럼 조용하다. 그와 식탁에 마주 앉으면 주발에 수저 부딪는 소리에서 아이들의 호호거리던 웃음소리가 들린다. 네 마리 토끼들의 초롱초롱한 눈망울도 싱크대 위에 어른거린다.

아이들은 싱크대에 붙어서 고구마탕과 쑥개떡이 얼른 익기를 기다렸고, 팥칼국수가 보글거리는 모양에 신기해했다.

단장된 보도블록이 가로, 세로, 모로 사열하듯 따라온다. 덜컹거리던 내 삶의 조각들이 블록 위에 색색으로 얼비친다. '허기진 터널의 끄트머리 어디서부터 삶의 긴장이 풀린 걸까?' 두 개의 우주는 불협화음으로 심심찮게 덜그럭거렸다. 풀발 선 삼베 잠방이 같은 남편의 자존심은 시도 때도 없이 되살아나 버석거렸다. 그렇게 아옹다옹하는 사이에도 해는 어김없이 서산을 향해 질주한다는 사실을 뒤늦게 알았다. 그 길에는 '속도를 줄이시오.'라는 팻말이 없다는 것도….

요즘, 그이의 정수리에 성글게 드러누운 허연 머리카락들이 눈에 자주 들어온다. 이제는 서로를 묶었던 자존심과 아집은 세월의 더께 속에 옴싹 묻어버리자고 다짐해본다. 휴게소가 보일 때는 지나치지 말고 들어가 과열된 엔진을 쉬게 하는 지혜가 필요하리라. 우리 부부도 남은 길에 과열된 발바닥을 식혀가며 삶의 보도블록의 이를 잘 맞춰 깔아야겠다. 흙탕물이 튀지 않게….

일전에 흙탕물 세례를 받았던 그 길이 반반해졌다. 깃털 같은 마음으로 보도 위를 걷는다. 봄이 코앞에 온 듯하다.

아버지를 안고 여행길에

신문을 펼치니, 〈아버지 사진과 유럽여행〉이란 제목이 눈길을 붙잡는다. 사진과 여행이라니? 아버지가 돌아가셨는데, 실물 크기의 아버지 사진을 안고 여행길에 나섰다는 처녀의 이야기이다.

처녀의 아빠는 약관 20세에 미국으로 이민을 갔단다. 아빠가 52세로 삶을 마칠 때까지 세탁소에서 하루 12시간씩 일을 했다는 것. 오로지 가족 부양을 위해 프로골퍼의 청청한 꿈도 접었다고 했다. 그러다가 2년 전 위암으로 남매의 곁을 떠났다는 것.

스물다섯 살 딸은 아빠의 뒤를 이어 엄마도 없는 가정을 꾸려가야 했다. 슬픔을 이기려고 일에 몰두할수록 아빠에 대한 그리움은 더 컸던 것. 급기야 다니던 회사에 사직서를 냈다. 그리고 아버지의 한을 풀어드리기 위해 특별한 여행길에 나섰다. 아버지의 기다란 사진을 안고…. 그 기이한 모습에 처녀는 가는 곳마다 많은 시선을 받고 있다. 각박한 세상에 그런 심청이가 어디 있을까 싶다.

우리나라 70, 80세대는 자녀를 위해 노후대책까지 털어 바친 부모가 많다. 그러나 그 부모의 말년을 외면하는 매정한 자식들이 적잖은 요즘 세상이다. 물론 각자의 개인차는 있겠지만, 부모로부터 받기만 하려는 자녀들이 많다. '빨대족'이란 신조어가 스스럼없이 나돈다.

그녀의 삶이 자세하게 소개되지는 않았다. 그렇지만 아빠에 대한 깊은 정이 짧은 기사의 행간마다 흐른다. 그녀가 일곱 살 때 부모는 이혼을 했다. 네 살 된 동생도 있는데. 이혼이 뭔지도 모르는 아이들은 갑자기 엄마 없는 썰렁한 식탁과 저녁 잠자리에서 찬바람을 어찌 견뎠을까 싶다. 엄마에게 한참 어리광을 부릴 때가 아니던가. 엄마의 빈자리에 얼마나 많은 눈물을 쏟아 부었을까?

자녀들의 자의가 아니라 순전히 부모에 의해 반쪽이 되어버리는 가정 공동체. 그 안에서 '결손가정 아이'라는 이름으로 아픔을 겪는 수많은 자녀들이 있다. 이혼을 생각하는 기성세대는 자신의 인생에 앞서 아이들의 인생을 먼저 생각할 수는 없을까?

우리나라 이혼율은 세계의 상위권에 든다. 이혼을 쉽게 여기는 풍조는 어디에서 연유한 것일까? 어릴 때부터 양보와 배려가 몸에 배어나는 인성을 키우지 못한 것도 그 이유가 아닐까 싶다.

사회의 핵이라고 할 수 있는 가정, 그 가정의 중심인 부부가 허물어지고 있는 것이다. 자신의 인생을 위해서란다. 그런데 그 자신의 인생 속엔 이미 분신 같은 아이들의 인생도 포함되어있음을 어찌 모르는 걸까? 도마뱀은 위급하면 꼬리를 자르고 달아난다. 꽃게도 급하면 다리를 떼어버린다. 영을 가진 사람이 그런 미물과 다른 게 무엇일까? 더구나 모정(母情)은 그와 달라도 한참 달라야 하지 않을까?

그녀는 기사 옆 사진 속에서 아빠의 팔짱을 끼고 냉이꽃 같은 웃음을 짓고 있다. 연두저고리와 진달랫빛 치마를 입은 아리잠직한 모습에 아픈 가족사의 흔적 같은 것은 보이지 않는다. 그녀의 아버지는 조개가 진주를 키우듯, 고운 딸을 가슴으로 키워냈을 것이다.

대부분의 이혼하는 아빠들은 자녀도 아내와 함께 포기하는 경향이 있다. 그런데 그녀의 아빠는 아이들을 더 꼭 껴안았던 것이다. 고된 세탁소 일을 하면서도 엄마의 몫까지 깔축없이 해냈으리라. 아빠의 골 깊은 사랑이 남매를 잘 영글게 한 것은 아닐까? 그 아빠는 모정보다 진한 부정으로 딸에게 찔레꽃 같은 사랑을 심어준 것이다.

사람들은 때로 희망이 절벽 같은 자신의 처지를 놓고 환경탓을 많이 한다. 나도 한때 그랬다. 고학하던 학창시절에 다 포기하고 싶을 때가 있었다. 아무 걱정 없이 공부만 하는 친구들을 볼 때면, '우리 집은 왜 맨날 가난할까?' 하며 불평했다. 그것은 바로 부모나 형제를 원망하는 일이다. 그러나 지금 돌이켜 보면 무엇하나 나 혼자 이룬 게 없는 것을…. 이제야 고개 숙인 벼 이삭이 눈에 들어온다.

양지나, 그녀도 엄마를 생각할 때마다 여린 명치끝에 엄마라는 이름이 아픔으로 고스란히 매달렸을 것이다. 옹이 같은 원망인들 어찌 없었으랴. 그래서 아빠의 고통을 가슴으로 이해하게 되지 않았을까? 끈기 있는 영혼은 고통을 통해 스스로를 다부지게 성숙시키는 것 같다.

그녀는 아버지의 사진과 함께 유럽여행을 마치고 나면 아빠의 고향인 대전에도 오겠다고 했다. 누구나 객지에서 지치면 가장 그리워지는 곳이 고향의 품이다. 그렇다. 모진 세월 속에 그 아빠가 가장 많이 떠올렸던 곳도 고향 대전이었으리라. 문득문득 한밭벌에 안겨 사나이의 천둥 같은 울음을 쏟아내고 싶었으리라. 그녀는 아버지의 그런 마음까지도 어린 심장 속에 켜켜이 쟁여놓은 것이다. 그리고 지금 그 아버지의 마음을 실타래처럼 풀어가는 것이다.

아버지를 회고하는 그녀의 인터뷰 중의 한 구절이다.

'여행 전까지는 성공하려면 행복이 희생돼도 좋다고 생각했지만, 지금은 행복 없는 성공은 무의미하다는 걸 알았다.'

그녀의 청량한 깨달음에 나의 무딘 귀가 열리는 아침이다.

2장

내가 밟고 가는 바다

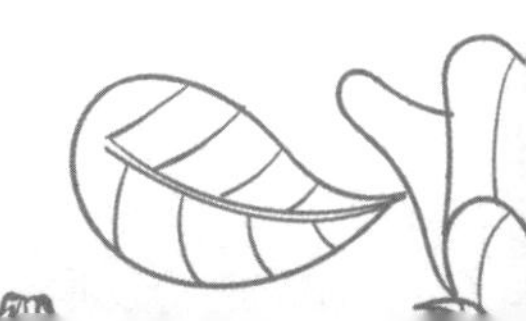

이순(耳順)에 애인이 생겼다

그것도 아주 죽고 못 사는 그런 사이다. 주책이 없다고? 아니다. 전혀 남사스럽지도 않다. 우리는 이백칠십육 일을 기다린 끝에 극적으로 만났다.

지난 7월, 연중 가장 덥다는 초복과 중복 사이였다. 찜통 같은 날씨였으나 기다림은 지루하지 않았다. 그동안 받아 둔 20여 장의 흑백 사진을 딸과 공유하며 수없이 들여다보았다. 받을 때마다 진화되어가는 신비스러운 창조주의 솜씨는 감동의 연속이었다.

그러던 어느 날 아침에 그가 곧 도착한다는 급한 연통이 왔다. 반가움과 함께 가슴이 철렁했다. 일방적인 약속 장소에서 다섯 시간을 조바심하며 선 채로 기다렸다. 긴장으로 굳어진 차가운 손바닥을 내가 섬기는 절대자에게 싹싹 비볐다. '부디 무사히 도착하게 해주소서.' 가슴에서는 지짐냄비에 기름 졸아드는 소리가 자글자글했다. 한참 지나서 희미하던 흑백 사진 속의 그 얼굴을 눈앞에서 뚜렷하게 볼 수 있었다.

"오, 신이시여! 감사합니다."

초조하게 기다리던 불안은 가뭇없이 사라졌다.

그의 까만 머리카락은 정수리에서 이마에 이르기까지 말갈기처럼 결을 이룬다. 영락없이 멋진 베컴 머리다. 자세히 들여다보니 가마가 두 개라서 머릿결이 그리된 것 같다. 나지막한 콧대는 서민적이고, 입술은 앵두보다 작은 팥알만 하다. 정교한 V자 턱은 단아하기까지 하다. 목은 아직 짧지만, 날이 지나고 달이 지나면 학처럼 길어지리라.

오랜 기다림 끝에 만났지만, 집으로 같이 올 수는 없었다. 우리는 예약해 둔 깔끔한 거처로 들어갔다. 그리고 그곳을 드나들며 보름 동안 날마다 만났다. 나날이 달라지는 그 모습 때문에 하루도 거를 수 없었다. 보고 또 보고 문지방을 넘어서 나오면 바로 또 보고 싶었다. 같이 있어도 그립다는 말이 이런 것인지…. 길을 걸을 때도 일을 할 때도 그 얼굴이 선했다. 오늘은 어떻게 새로워졌을까? 어젯밤 잠은 잘 잤을까? 집안일은 설렁

설렁 해놓고 또 달려간다.

"그렇게 좋은가?"

보다 못한 남편은 불뚝스럽게 핀잔을 준다. 달구어진 보도 위를 달릴 때 등골을 타고 내리는 땀방울마저 기쁨으로 다가온다. 나만의 짝사랑인가? 그는 헐레벌떡 뛰어간 나를 무표정한 얼굴로 맞는다. 날이 지나면 해맑은 웃음으로 반겨주겠지. 자위하며 땀내가 물씬 나는 앙가슴으로 살포시 감싸 안는다.

그러기를 보름 동안, 아예 우리 집으로 옮겨서 동거에 들어갔다. 거실 한가운데 왕골 돗자리를 폈다. 남편은 안방으로 밀려들어 갔다. 그에 대한 나의 거센 사랑 때문에 남편은 질투조차 하지 못했다. 내 관심은 온통 그에게만 가 있었다. 너무나 사랑스러워 목욕과 대소변 수발까지도 개의치 않았다.

목욕 후의 반질한 이마가, 까만 눈이, 볼그레한 볼이, 빨간 입술이 어찌 그리 신선한지. 말랑말랑한 우윳빛 볼에 코를 대어본다. 혼몽한 향기가 내 영혼 깊숙이 스며든다. 실눈썹 아래 초승달 같이 잠든 눈이 내 눈길을 붙든다. 하얀 그 손에 검고 쭈글쭈글한 내 손을 포갠다. 그가 꼼지락하면 나는 통잠 속에서도 발딱 깨어난다. 밤새워 들여다본다. 잠을 자다가도 꿈을 꾸는지 양쪽 입귀가 올라가도록 쌩긋쌩긋 웃기도 한다. 그때마다 양 볼에 보조개가 광교산 옹달샘 같다. 내 영과 혼을 온통 끌어간다.

그렇게 정신없이 한 달이 지났다. 아쉽지만 이제는 그만 보내주어야 할 때가 된 것 같다. 그의 집으로.

나의 둘째 가지에서 연한 새순이 돋은 것이다. 재작년에 성혼한 둘째 딸이 첫 손녀를 안겨주었다. 그 아이는 나에게 한 여자의 마지막 호칭인 '할머니'란 이름을 처음으로 붙여주었다. 인형 같은 아이를 들여다보고 있으면 긴 여름날이 짧기만 했다. 처음 보름 동안은 산후조리원에서 산모와 아이를 돌보다가 우리 집으로 데려왔다. 세상에 어떤 정인이 있어서 이렇게 마음을 끌리게 할까? 딸을 넷씩이나 길렀지만, 손녀는 또 다른 애틋함을 갖다 준다. 그것을 이제 알았으니 영락없이 할머니 반열에 들어선 것 같다.

지금 이 글을 쓰고 있는 순간에도 해맑은 손녀가 요람에서 연신 꼬물거린다. 그동안 아이를 씻기고 안아주고 자장가를 불러주며, 서른두 해 전, 내가 아이의 어미를 낳았던 때로 회귀한 듯했다. 그러나 32년의 세월을 항우장사인들 거스를 수 있을까? 그러지는 못할지언정 뒷방 할미는 안 되어야 할 텐데…. 슬그머니 겁이 난다.

연둣빛 새순 같은 손녀와 소통하는 멋진 할미가 되고 싶다. 그러기 위해서는 준비해둬야 할 일들이 많을 것 같다. 그것들을 이 가을의 초입에서 새벽 별을 헤아리듯 손꼽아본다.

9년 만에

큰딸 내외가 생후 4주 된 외손자와 나란히 잠들어있다. 신생아 싸개에 도르르 말린 녀석은 흡사 누에고치 같다. 유리창에 걸러진 볕살이 세 식구를 햇솜처럼 덮고 있다. 이 모습이 바로 행복의 실체가 아닐까? 귀여운 모습을 볼 수 있고, 만질 수 있으니. 나는 요즘 '행복'이란 단어를 보통명사로 착각하며 사는 팔불출이다.

지난 연말, 큰딸이 결혼한 지 9년 만에 아이를 낳았다. 딸을 넷씩이나 길렀지만, 그때와는 느낌이 전혀 다르다. 무엇에 홀린 듯 새순 같은 손자의 신비 속으로 빠져들고 있는 것이다. 녀석은 억겁의 세월을 지나 마지막 60갑자 한 바퀴를 걸어와서 나와 조손(祖孫)의 연을 맺은 것. 그러니까 외할미와는 계사(癸巳)년 띠동갑이다. 예사로운 연이 아닌 것이다. 수많은 별 중에서 고르고 골라 지구라는 푸른 별을 찾아 나에게로 온 고마운 핏줄.

이마는 호남평야의 청보리밭처럼 시원스럽다. 투명한 살갗 밑으로 어린 싸릿가지 같은 핏줄이 말갛게 드러난다. 이 실핏줄을 따라 새벽 이내 같은 생기가 자그마한 몸속을 구메구메 채우고 생령을 지배하겠지.

지리산 노고단의 산머루 같은 눈망울에선 머룻내가 상큼하다. 도토롬한 귓불에는 만세 전의 물소리, 새소리, 바람 소리가 화음을 이루며 쟁여있겠지. 오뚝한 콧등에는 저 히말라야 안나푸르나 봉을 씻은 바람 한 자락 걸려 있을까? 콧바람이 삽상하고, 꼭 다문 입술은 당차 보인다. 그 입술로 엄마의 젖을 빨아 누에고치만 한 몸피를 불리며 만물의 영장이 되어 갈 것이다. 녀석의 입술에서 벌써부터 사나이다운 기개가 엿보이는 것 같다.

내가 딸만 낳았기 때문일까? 녀석의 기저귀를 갈아줄 때면 땅콩 알만 한 고추가 생소하게 눈에 들어온다. 이순(耳順)의 얼굴에도 수줍은 도홧빛이 스친다.

오글오글한 씨주머니는 또 어떤가. 자그마한 주머니 어디에 그런 마력이 들어있을까? 생육하고 번성하는 동물 중에 수컷에게만 부여한 특권이 아니던가. 저 광활한 우주가 그 속에 들어있을 것 같다. 그것을 통해 생명이 세세토록 이어지는 힘이라니…. 기저귀 갈아주는 것도 잊고 한참 들여다보는데, 까놓은 아랫도리가 춥다고 아이가 딸꾹질을 한다. '그래, 마냥 주책없는 외할미구나.'

나의 첫 번째 가지에서 돋아난 새순. 그 새순을 틔우기 위해 딸 부부는 9년 동안 희망의 봉우리와 절망의 계곡을 수없이 넘나들었다. 두 사람은 가파른 빙벽을 맨발로 타는 것 같았다. 지켜보는 내 발끝도 시퍼런 강물 위에서 외줄 타는 발이 되곤 했다. 마음까지 저렸다. '차라리 내가 너를 업고 그 줄을 타고 건널 수 있다면….' 바랄 수 없는 중에 바라는 딸을 위한 내 마음.

몇 차례의 계류 유산으로 늪에 빠져서 아이 갖는 것을 포기하려고도 했었다. 딸은 몸도 마음도 곰삭아 시들어갔다. 그러나 황영조 선수가 지친 다리로 마지막 스퍼트를 하여 영광의 금을 캐내듯, 딸과 사위는 몽그라지는 마음을 다잡아 운동화 끈을 고쳐맸다. 그동안 미루어왔던 시험관아기 시술을 시도했다. 그런데 그마저 실패했다. 어쩌란 말인가?

사위는 의사에게 착상 검사 결과를 듣고 나와서 창호지 같은 딸의 얼굴을 감싸 안았다. 두 사람의 소리 없는 아우성이 날카로운 사금파리처럼 내 가슴 깊숙이 박혔다. 순간 심장이 멎어버린 듯했다.

한 달 후, 딸 부부는 마음을 추스르고 육중한 생명의 문을 다시 두드렸다. 드디어 두 번의 시술 끝에 철옹성 같은 문이 열렸다. 냉동 보관했던 아주 작은 알(受精卵) 하나! 그 기적 같은 알 하나가 자궁 안에 좌정하는 착상이 이루어지고 연둣빛 생명의 싹이 돋아난 것이다. 그때부터 한 달 동안, 딸은 유산 방지를 위해서 날마다 아랫배에 주사를 맞아야 했다. 엉덩이에 맞아도 통증이 큰 데, 예민한 아랫배에 주사기를 꽂을 때마다 딸의 고통은 어떠했을까?

포기하지 않은 애들의 정성에 하늘도 감동한 것인가? 드디어 태아라는 이름을 갖게 된 존재. 아주 작지만, 하늘 아래 가장 거대한 실체가 되었다. 녀석은 그때부터 지 엄마의 마음과 함께하며 꼬물꼬물 정갈한 세상을 꿈꾸었으리라.

너무나 신기했다. 만물의 생명은 창조주의 섭리가 없이는 결코 태어날 수 없는 것. 육안으로는 볼 수도 없는 작은 수정란이 영하 수십 도의 냉동 상태에서 한 달 동안이나 견딜 수 있다니…. 비록 에덴동산에서 쫓겨난 인간이지만, 긍휼히 여기신 하나님이 이 영역까지는 허락하시는 것 같다.

아까부터 잠든 녀석을 줄곧 내려다본다. 나의 쭈글한 헌 볼이 녀석의 야들야들한 새 볼에 가 닿는다. 조손(祖孫) 간의 황홀한 접점, 이런 순간의 이음매가 아름다움을 창출하는 것이 아닌가? 억겁의 세월에 비하면 티끌만도 못한 인생길 위에서, 찰나를 비집고 한 세대는 가고 한 세대는 온다. 그것이 우주의 질서이고 섭리일 것이다.

우주를 안아보는 가슴이 이런 것일까? 녀석의 숨소리와 내 숨소리가 품 안에서 맞장구치고, 얼쑤 좋다며 어우러진다. 볕바른 산방(産房)에 새 생명의 교향악이 울린다. 색색, 새액색.

고목의 언저리에 오보록이 돋아 오른 싱그러운 새순이다.

깃털 같으면 어떠랴

통장이 장롱 서랍에 빼곡하다. 지금은 빈 껍질이지만 슈퍼뱅크통장, 으뜸적금통장 등 이름만 보아도 힘이 솟았던 친구들이다. 세어보니 200여 개나 된다. 모두가 사연을 안고 사열하듯 줄 서 있다. 그중에 한 녀석을 뽑아 펼친다. 농협 온라인통장, 남편의 급료 통장이다.

모서리가 하얗게 닳은 통장을 한 장씩 넘긴다. 2002년 2월 17일 맡기신 금액란에 'S 대학교 급여' 2,446,800원이라고 또글또글하게 찍혀 있다. 그 밑으로 찾으신 금액란에는 적금 30회 100,000원을 비롯해서 전기요금, 가스 요금 등 이십여 개 품목이 나붓하게 적혀 있다. 경상적으로 지출한 아이들의 학비와 생계비가 자리에 익숙하다. 시기적으로 보니 큰딸과 둘째가 대학을 다니고 셋째가 고등학교, 막내가 중학교 다니던 눈코 뜰 새 없던 때였다.

통장을 들여다보면 일기 같다. 그때의 애환들이 환등기처럼 넘어간다. 아이들의 등록금, 어려운 형제에게 보내는 지원금 등. 당시의 사연과 희로애락이 오롯이 담겨있다. 이들 통장은 가족의 심장이었던 것. 맡기신 금액은 동맥이고, 찾으신 금액은 정맥이 아닐까 싶다. 남편의 급료는 시댁과 우리 가정을 핏줄처럼 돌아나가며 비좁은 칸 안에 화안하게 흔적을 새겨 놓았다.

지금은 남편이 정년퇴직을 했고, 죽순 같은 아이들도 왕대가 되어 초록으로 싱싱하다. 딸 넷이 죽순처럼 자랄 때, 우리 가족의 동력 벨트는 이 작은 통장에서 힘을 얻어 숨 가쁘게 돌아갔다. 때로는 통장이 가뭄이 든 논바닥처럼 쩍쩍 갈라지기도 했다. 빠듯하던 잔액이 그마저 말라 갈증으로 허덕일 때도 있었다. 그럴 때면 비상금통장을 헐어내어 갈한 목을 축이곤 했다.

우리 가족의 텃밭에 물과 산소를 공급해준 통장이 새삼 대견하다. 그래서 폐지 구멍이 숭숭 뚫린 통장들을 여태 버리지 못한다. 흡사 다람쥐가 까먹은 밤껍질처럼 수북해도 그걸 뿌듯하게 즐긴다. 껍질만 보아도 흐뭇하기에 언제까지나 장롱 서랍에 든든하게 쌓아 두고 있는 것이다.

이제 아이들은 장성했고, 시동생들도 모두 독립해서 잘살고 있다. 그래서 요즘의 통장은 찾으신 금액란이 많이 단순해졌다. 이순을 넘긴 우리의 삶만큼이나 단조로워진 온라인통장을 들여다본다. 잔액란의 숫자도 깃털처럼 가벼워졌다. 가끔가다 구원투수 같은 딸들의 이름이 통장에 샛별처럼 반짝인다. 이제는 찾으신 금액란이 아니라, 맡기신 금액란에 찍힌 딸들의 이름…. 용돈으로 보태라는 아이들의 정성이 갸륵하다. 반포지효(反哺之孝)라는 말이 떠오른다.

이 얇은 통장에 있는 입금과 출금란, 우리 몸속의 동맥과 정맥이 우리의 생명을 이어주듯, 몇 개의 숫자가 우리의 삶을 유지시켜준다. 세상에서는 이것들의 불균형으로 인해 부모와 자식, 형제간에 많은 불협화음이 일어나기도 한다. 또, 사주(社主)들은 욕심을 채우려고 동맥만 불리고, 정맥을 틀어막아 혈액순환이 잘되지 않아 갖가지 험악한 일이 벌어지기도 한다. 자고 나면 보게 되는 친족간 살인과 사기, 폭력 등 우리 사회의 만연한 환부가 고스란히 드러난다.

남편은 공직을 퇴직한 지 3년째다. 그는 제2 취업을 극구 부인하며 집에서 지내고 있다. 이제는 크든 작든 일자리를 젊은

이들에게 양보해야 한다는 생각이다. 산하 단체나 기관에까지 쫓아가서 경력자라는 이름으로, 상급관청과 소통이 가능하다는 명목으로 한 자리 차지하는 우를 범하지 말아야 한단다.

처음에는 남편의 고드름 같은 소신에 동의하기 어려웠다. 똑같은 조건의 어떤 이들은 정년퇴직 후에도 산하기관에 들어가 근무하면서 공직에 있을 때보다 오히려 두툼한 통장을 가져온다. '남편 한 사람 더 일한다고 대한민국 젊은 실업자들의 취업길을 모두 막는 것도 아닐 것인데….'

긴 세월의 경력이 아깝지 않으냐고도 해보았다. 그러나 남편은 시종일관 뜻을 굽히지 않았다. 참새가 어찌 붕새 마음을 알까? 제 울타리 안만 생각하는 속 좁은 나를 보며 얼마나 가소로워했을까? 시간이 지날수록 남편의 처신이 백번 옳다는 생각이 들었다. 세월호 참사를 보면서, 특히 최근 해군참모총장이 두 명씩이나 구속되는 방산업체 비리를 보면서 남편이 존경스럽고 대견스럽다는 생각이 들었다. 부처 산하기관과 각종 이익단체들이 누이 좋고 매부 좋은 식으로 싸고돌아가는 썩어가는 사회. 그 허울 좋은 가면이 빚어내는 엄청난 과오들을 어찌할 것인가?

옳다고 생각하는 일에 대해서는 어떤 달콤한 유혹도 물리칠 수 있는 용기 있는 사람. 그런 사람이 인정받는 사회가 되었으면 좋겠다. 당장은 그런 사람이 손해 보는 것 같지만, 결코 그렇지 않을 것이다.

박봉을 콩알처럼 쪼갤 때도 대가족이 잘 살아냈는데, 이제는 많이 단조로워진 생활이다. 통장이 깃털 같으면 어떠랴 싶다. 생각도 깃털처럼 가볍게 가지면 유유자적으로 살 수 있으리라. 몸만 건강하다면, 행여 그렇지 아니할지라도 이제는 이순을 넘었는데…. 생에 대한 집착을 덜어내면 마음은 더욱 여유로워지리라.

남편의 빛바랜 월급 통장에서 대가족을 짊어졌던 가장의 절박함이 갈피마다 오롯이 되살아난다. 가벼워진 통장에 몸과 마음을 싣는다. 내려놓는 삶 속에 오히려 충만함이 있음을 이제야 알 것 같다.

큰사위의 등판에 업혀

"육십갑자 한 바퀴를 빙 돌았네."

얼마 전 회갑을 맞은 남편. 지난 일이 믿기지 않는가 보다. 거울 앞에서 성성한 흰 머리카락을 들여다본다.

'우리 네 자매를 올곧게 길러주신 아버님께 온 마음으로 감사드리며, 저희들의 영원한 푯대가 되신 아버님의 회갑을 맞이하여 더욱 강건하시기를 기원하는 마음과 정성을 담아 이 패를 올립니다.'

지난 4월 3일에 자그마한 뷔페에서 남편의 조촐한 회갑연을 열었다. 그때 막내딸이 두 사위와 네 딸을 대표해서 남편에게 전달한 감사패에 기록된 내용이다. 사회를 맡은 큰딸이 이를 낭독했다. 50여 명의 친지와 지인들은 잠시 숙연해졌다.

남편은 칠순이나 팔순 잔치는 하지 않아도, 회갑연은 꼭 열어야 한다는 말로 인사를 시작했다. 이유인즉, 자신의 의지대로 뭐든 할 수 있고, 축하해주러 오는 소중한 친구들이 건강하게 걸을 수 있을 때 잔치를 해야 한다는 의미였다. 친지들은 뜨거운 박수로 화답했다.

나는 평소에 회갑연을 반대했다. 누가 요즘 회갑연을 하느냐고. 칠순잔치라면 몰라도…. 그러나 그의 변함없는 주장에 수긍하게 되었고, 자녀들도 남편의 뜻이 옳다며 찬성했다. 그렇게 해서 두 사위와 네 딸들이 달포 전부터 짬짬이 행사준비를 하느라 가을 산의 다람쥐처럼 분주했다.

남편은 우리가 결혼식을 하고 폐백드릴 때 입었던 한복을 그날 굳이 입겠다고 했다. 장롱 서랍에서 33년을 잠자던 한복을 세탁하여 손질했더니 멀쩡했다. 옥색 저고리에 연보라색 바지와 자주색 마고자, 그리고 자주색 머플러까지 둘렀다. 항상 입던 양복보다는 정감이 가고 회갑 분위기에도 맞았다. 남편은 산행을 많이 하고 관리를 철저히 한 탓인지 몸매가 신혼 때와 별로 변하지 않았다. 허리둘레 34인치는 새신랑 때 입었던 한복을 너끈히 소화해냈다.

사회 보던 큰딸이 '아빠의 한복은 33년 전에 우리들이 태어나기도 전에 입었던 옷입니다.'라고 소개했다. 객석에선 '우와!' 하는 감탄사가 터졌다. 허리둘레 40인치쯤 돼 보이는 어떤 친구분은 무척 부러운 표정이다. 아마도 내년에 그분의 회갑 때는 몸매가 후리후리하게 변신해있을 것 같다.

그날의 행사는 주위에서 흔히들 하는 이벤트행사는 없었고, 큰딸이 간단히 사회를 보며 가족적인 분위기로 진행을 했다. 둘째 딸이 '아빠에게 드리는 편지'를 낭송할 때는 가슴이 먹먹했다. 객석의 분위기도 사회자의 숨소리까지 들릴 듯했다. 이때 두 사위가 발랄한 축가를 불러서 분위기는 반전되었고, 다시 웃음바다가 되었다. 큰사위가 노래를 마치고 갑자기 등을 내밀며 나더러 업히라고 했다. 남편은 큰딸을 훌쩍 업었고, 두 남자는 장모와 큰딸을 업은 채로 객석을 한 바퀴 돌았다. 모두 박장대소를 하며 분위기는 절정이 되었다. 큰사위의 등이 그렇게 듬직한 것을 난생처음 알았다. 아들의 등에 업힌 엄마는 보았지만, 사위의 등에 업힌 장모는 흔치 않을 것 같다. 아들이 없어 허전했던 마음이 큰사위의 믿음직한 등판으로 꽉 찼다.

모임이 너무 조촐하여 밋밋할 것 같다며, 막내딸은 가족 앨범을 뒤져서 P.P.T를 만들었다. 행사를 진행하는 동안, 남편의 어린 시절부터 최근까지의 모습들이 행사장 정면 영상에서 파노라마처럼 돌아갔다. 남편이 초등학교 때의 익살스런 어린 시절이 비춰질 때, 모두는 뱃살을 쥐었다. 남편이 태어나고 자랐던 오두막이 확대되었다. 우리가 결혼할 때도 그 집으로 신혼살림과 이불 짐을 들였다. 여수시 율촌면 광암마을, 동네에서 제일 높은 언덕 위에 까치집처럼 매달린 초가삼간이었다. 마당에는 우물도 없었다. 동네 샘에서 물을 긷던 새색시 적 기억이 영상 위에 번진다.

양동이에 퍼담은 물을 머리에 이고 우둘투둘한 돌계단을 오르내릴 때는 다리가 후들거렸다. 물은 출렁출렁 넘쳐서 옷을 함빡 적셨고, 시어머니와 함께 아궁이에 불을 지펴 젖은 옷을 말리곤 했던 그때.

요즘 주택이나 아파트 주방에서 철철 쏟아지는 수돗물을 보면 우리 집이 맞나 싶다. 비가 오나 눈이 오나 물 걱정 할 일이 없는 딸들에게 옛날에 물 긷던 이야기를 하면, 지하수를 파서 쓰지 왜 그렇게 고생했냐고 한다. 쌀이 없어 배가 고팠다고 하면 햄버거 사 먹지 하는 요즘 아이들과 같다.

남편은 아직도 거울 앞에서 서성이며 흰 머리칼을 들추고 있다. 오늘은 머리카락 염색이라도 해야 할 것 같다. 두 사위와 네 딸의 이름들이 유리 감사패 안에서 '회갑 후의 삶이 더 행복하세요.'라고 합창을 부르고 있다.

장독대

오랫동안 꿈꾸어왔던 장독대를 갖게 되었다. 주택도 아닌 아파트에서. 십여 년을 살던 좁은 아파트를 팔고, 평수를 약간 넓혀 이사하던 날이었다. 햇살 가득한 다용도실이 먼저 눈에 들어왔다. 그곳을 장독대 자리로 일찌감치 점찍었다.

이삿짐을 풀고, 정자동 재래시장에서 춤이 두 자가량 되는 단지 다섯 개를 사왔다. 갖가지 플라스틱 통에 담겨 있던 장무새를 단지에 한 가지씩 옮겨 담았다. 이들도 우리처럼 산뜻한 새집으로 이사하는 것을 환호했다.

숨 막히는 통에서 빠져나온 장무새는 사람의 옷이 날개이듯이 매초롬한 단지에 담기는 순간부터 때깔이 달라졌다. 뒤태도 앞태도 그만이다. 볼수록 옹골지다. 마른 수건으로 자꾸 닦는다. 그리고 다섯 개 단지에게 이름표를 붙인다. 우리 집 맛깔의 대표 주자인 간장 단지에는 '맛순이', 오래된 친구 같은 묵은 된장 단지에는 '죽마고우', 풋풋한 새색시 같은 햇된장 단지에는 '새댁', 품격 높은 고추장 단지에는 '홍장미', 그리고 봄의 향기를 사철 담아내는 매실 효소액 단지에는 '매향이'라고. 단지들은 이름을 지어주니 싱싱한 생기가 돌아 살갑게 다가온다.

다용도실 장독대 자리는 우리 집에서 정동향이다. 그래서 장독들은 일출과 월출 시에 가장 먼저 해와 달을 맞이하는 특권을 누리고 있다. 언제부터인지 나도 이 친구들에 끼어서 일출과 월출을 맞는 느꺼움을 맛보고 있다. 해가 거듭될수록 그 횟수가 잦아진다. 동탄 쪽 산 위에 붉게 솟은 햇덩이를 통째로 품은 불룩한 단지를 보면, 새날의 기대감으로 가슴이 부푼다. 저녁에는 달빛을 흡입하여 윤기 자르르한 단지들은 신비함까지 배어나며, 끝없는 생각의 바다로 이끈다. 단지들은 이렇게 묵은지 같은 친구 자리를 하나씩 꿰차고 존재감을 과시한다.

네 딸들의 입시와 취업시험이 계속될 때였다. 마음이 볶음 냄비에 기름 닳듯 자글거릴 때면 장독대로 나가 조용히 마음 문을 열었다. 큰딸과 둘째 딸의 혼삿날을 받아놓고 질정 없는 마음을 달래주던 곳도 이 장독대였다. 어디 그뿐인가? 남편과 찌

그락짜그락 복닥거린 후에도 이곳에서 위로를 받곤 했다. 그래서 이들 앞에 서면 너울 같던 마음의 파도가 영랑호 수면처럼 잔잔해진다.

며칠 전에도 세밀의 어수선한 마음을 안고 장독대로 나섰다. 손녀의 찡긋 웃는 눈 같은 그믐달이 장독들과 눈을 맞추고 있었다. 단지 위로 어릴 적 뒤란의 대밭 옆, 깔밋한 장독대가 아슴하게 떠올랐다.

하얀 보시기에 남실거리는 정화수가, 사운거리는 댓잎 소리와 함께 오버랩된다. 정화수 위에 얼비친 파란 하늘과 햇솜 구름 한 점, 그리고 그 구름 위에 동동 떠 있던 댓잎 한 장도 바로 어제 일인 양 선하다.

친정어머니는 다섯 살 된 막둥이 아들을 홍역으로 하루 만에 잃었다. 그 후로 자식들에 대한 애틋함이 더욱 커졌다. 그래서 새벽마다 동네 초입에 있는 마을 샘에서 물을 길어다 장독대 맨 앞자리에 떠 놓았다. 그리고 그 앞에서 하얀 무명치마저고리를 여미고, 새벽 서산에 기우는 달빛 아래, 갈퀴 같은 두 손을 모았다. 장독대는 어머니에게 신성한 제단이고 기도처가 되는 곳이다.

육남매를 품에 안은 어머니의 제단 앞의 새벽기도는 비가 오나 눈이 오나 우리들의 아늑한 처마가 되어 주었다. 장무새는 댓잎 씻는 새파란 바람 소리와 아우러져 오랜 시간 발효되었고, 장독대 제단은 정성 들여 지켜낸 어머니의 분신이고 마음이었다. 그때 어머니의 뒷모습을 눈여겨보던 단발머리 소녀가 그때의 어머니 연배가 되었다.

삭풍으로 씻긴 하늘에 콕 박힌 그믐달이 실눈을 빠끔히 뜬다. 그 눈길은 다용도실의 장독 틈으로 비집고 든다. 그리고 암팡진 장독들 사이에서 숨을 죽인다. 단지들은 나와 함께 올해의 하얀 옥양목 위에 수(繡)를 놓는다. 화려하지는 않지만, 들꽃 같은 무늬로 내 수틀을 한땀 한땀 채웠다. 큰 우환과 별다른 과오도 없었으니 그만 아닌가.

섣달 그믐날 밤, 제단 앞에서 손을 모은다.

구멍 난 양말

"발뒤꿈치에 뿔이 났나?"

"양말이 또 펑크 났어? 내가 그만큼 건강한가?"

안방 한구석 반짇고리에는 늘 내 손길을 기다리는 친구들이 있다. 해진 양말들이다. 여기저기 결혼 예식에 참석하느라고 꿰매기를 미루어 둔 것이 수북하다. 이 가을이 지나면 처녀 총각의 숫자가 눈에 띄게 줄어들 것 같다. 예식장마다 풋풋한 신랑 신부로 넘쳐나는 걸 보면.

양말 깁는 일은 어렸을 때 친정어머니로부터 배웠다. 그때 함평 문장에는 전기도 안 들어왔다. 어머니는 잦아드는 호롱불의 작은 불이파리 밑에서, 심지 돋우며 밤이 이울도록 버선과 양말을 꿰매곤 했다. 같은 색깔 천을 반달처럼 오려서, 버선볼과 뒤꿈치를 덧댔다. 너덜거리던 버선들은 그 밤에 어머니의 손끝에서 멀쩡하게 거듭났다. 어머니는 양말을 몇 번씩 깁고도, 더 이상 기울 수가 없을 때에는, 양말 목 부분과 발등 부분의 성한 곳을 오려두고 버렸다. 그 조각들은 나중에 구멍 난 양말을 꿰맬 때 요긴하게 쓰였다. 어머니는 앙증맞은 간장 종지를 양말 안에 넣고 기우면 손가락이 바늘에 찔리지 않는다고 했다. 꿰맨 양말이나 버선은 그렇게 조각을 덧대기 때문에 새것보다 더 두텁고 따뜻했다.

지금은 양말이 참 흔하다. 그 종류도 다양하다. 발목 양말, 등산 양말, 발가락 양말…. 그러나 한국전쟁이 끝난 지 얼마 안 되는 60년대에는 양말이 무척 귀했다. 아니, 입는 것과 먹는 것 신는 것이 모두 귀했다. 새 양말은 설, 추석 때나 빔으로 겨우 신었다. 설날 새벽에 설빔을 입고, 새 양말 신은 발 맵시가 어찌나 예뻤던지 세배는 건성건성 했다. 거기다가 새 고무신까지 신으면 마음은 풍선처럼 빵빵했다.

세배를 마치면, 동녘 하늘이 치잣빛으로 번질 때까지 새벽 이내가 자우룩한 마당을 서성거렸다. 간밤에 내린 눈으로 소복하게 덮인 마당과 시누 댓잎 서걱거리는 고샅에서 누렁이와 함께 뽀드득뽀드득 새 신발 도장을 찍어댔다. 홍시처럼 낭창한 귓불은 칼끝 같은 새벽바람에 따끔거렸다. 그래도 달뜬 마음은 오시시한 몸을 방 안으로 들여놓지 않았다.

그때의 어머니 나이가 된 나는 어머니처럼 돋보기를 걸치고 양말을 깁고 있다. 우리 애들은 어릴 때부터 꿰맨 양말에 익숙했다. 아이들은 발부리와 뒤꿈치를 삼겹살처럼 꿰매주면, 오히려 그것을 신기하게 여기며 좋아했다. 친구들에게 자랑도 했다. 그런데 딸들이 다 자라니 그런 양말들은 매끈한 스타킹에게 자리를 내어주었다.

요즘에는 남편 양말과 내 것만 깁는다. 산 마니아인 남편의 등산 양말만 기워대기도 바쁘다. 남편의 양말들은 주인을 잘못 만나서 고생이 이만저만 아니다. 솜버선처럼 두툼한 등산 양말이 산행 두어 번 하면 닳아서 구멍이 뻥뻥 뚫어진다. 남편은 백두대간과 아홉 개 정맥을 완주하고, 지리산 종주를 스물여덟 번을 한 사람이다. 크고 작은 산 능선을 걸을 때면 애마의 등을 타고 가는 느낌이라고 했다. 그 느낌이 어떤 것인지는 모르지만. 그는 요즈음 각 정맥에 딸린 지맥들의 아기자기한 조랑말의 등을 타고 있다.

남편의 등산 양말은 다스로 사야 한다. 펑크 난 것은, 어머니로부터 배운 솜씨로 서너 번까지 꿰매서 내놓는다. 남편은 새것보다는 조각을 덧대어 기운 것이 두툼해서 발바닥이 폭신하다며 즐겨 신는다.

오늘은 일전에 지리산을 2박 3일 동안 종주하고 돌아온 남편의 발가락 양말과 마주쳤다.

“등산화 속에서 얼마나 힘들었니?”

“천왕봉 오르막에서도 쉬지 못했어요. 그리고 주인님은 어스름이 내리기 전에 장터목 휴게소까지 가야 한다며, 제 고통은 아랑곳하지 않았답니다.”

양말은 뻥 뚫린 뒤꿈치를 들이밀며 하소연한다. 강낭콩 같은 발가락이 옆에서 오종종 귀를 세우고 쫑긋거린다. 이 양말들은 백두대간 길의 청청한 솔숲 향기를 흠뻑 적셔오고, 어느 날은 호남 정맥 자작나무 숲 갈피의 소슬한 바람 소리를 휘감아 온다. 그 향기와 소리는 바늘을 쥐고 있는 내 손끝까지 스며서 온몸으로 기(氣)처럼 퍼진다.

백두대간, 아홉 개 정맥, 지리산의 고단한 길에, 살신성인으로 동행해 준 등산용 발가락 양말들은 남편의 호위무사들이다. 올여름 같은 장대비 속 산행에서도 무좀과 각종 상처로부터 뽀송하게 지켜냈다. 꿰매 신은 양말 덕택이다.

‘너희들은 남편에게 나보다 더 자상한 동반자로구나.’

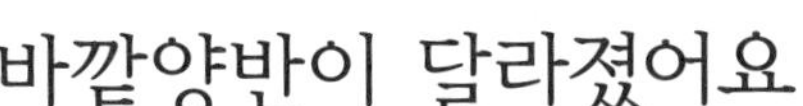

바깥양반이 달라졌어요

진공청소기가 아침을 깨운다. 남편이 청소를 마치고 쓰레기 분리수거까지 깔끔하게 마무리한다. 3년 전만 해도 그의 이런 모습은 당치도 않은 일, 아무튼 해가 서쪽에서 뜰 일이다. 전업 바깥양반의 자리에서 일탈하는 그의 어설픈 모양이 기특하다. 그러면서도 마음 한 편에서는 싸한 바람이 분다.

남편은 40년간 공복(公服)을 입었는데, 이제 벗은 지 3년째에 들어간다. 그동안 우리는 바깥일과 안일을 선명하게 분리하였다. 그야말로 확실한 '바깥양반'과 '안 사람'으로서의 역할을 분담했던 것이다. 그러고 보면 서로가 당연한 듯이 안과 밖의 영역을 잘도 지켜왔다. 우리의 이런 삶은 습관을 넘어서, 베옷에 치잣물 들듯이 몸에 착 배어있었다.

그는 퇴직할 무렵까지만 해도 퇴근할 때면 바깥의 일거리를 담뿍 안고 들어오곤 했다. 그렇게 성실했고, 자투리 시간까지 자기계발을 위해서 매진해왔다. 그래서 좁다란 안방은 흡사 작은 도서관 같았다.

우리가 결혼할 때 그는 시골 면사무소 공무원이었다. 늘 그는 일에 목마른 사슴 같았다. 그러면서 더 광활한 일터를 갈망했다. 오르지 못할 나무는 없다고, 아름드리나무의 우듬지를 향해서 끊임없이 꿈의 화살을 쏘아 올렸다. 삼 줄 같은 그의 의지는 헛되지 않았다. 결국, 여수 율촌면사무소에서 시작하여 과천종합청사로 출근하는 꿈같은 일이 현실로 이루어졌다. 여섯 식구가 수도권에서 생활하는 것은 여러모로 쉽지 않았다. 하지만 그의 성취감은 어디에 비길 수 없었으리라. 모름지기 가정을 위하고 자신을 위한 일이었다.

애초부터 우리 가정은 경제적으로 어려웠다. 그리고 무엇보다도 아이들이 한참 재롱을 부릴 때는 아빠가 자리를 지켜주지 못했다. 혹여 아빠가 집에 있는 동안은 독서에 방해될까 봐 실내에서도 발뒤꿈치를 들고 까치걸음을 걸어야 했다.

애들은 아빠를 선생님처럼 어려워했다. 장성해서도 아빠와는 거리감이 있었다. 아빠의 사랑을 듬뿍 받으며 자라야 할 때는 아이들이 제비집만 한 쪽방에서 책을 들고 조용히 놀아야 했다. 젊은 부부 시절 빈한한 환경에 갇혀 생활한 때를 떠올리면 바깥양반이 원망스럽기도 하다. 또, 가족이 함께 놀이공원이나 영화구경을 가 본 적이 얼마나 될까? 그래도 아이들은 불평 없이 반듯하게 자랐다. 그런 아이들을 볼 때면 그저 신(神)에게 감사할 뿐이다.

우리는 안과 밖에서 서로 굳은살을 키우며 열심히 살아왔다. 그런데 그가 퇴직 후에는 집에서 적응이 안 되는 모양이었다. 마치 직장 병에 걸린 듯. 퇴직을 했는데도 사무실과 가정이 구분이 안 된다. 아빠, 남편의 위치가 아니라 권위적인 과장님 같다. 포개지는 세월 따라 매사 깜박거리고 느슨해지는 나에게 항상 깔끔한 속도와 완벽을 요구한다. 이순(耳順)의 아내를 아직도 순발력 있는 30대로 착각하는 것 같다.

모든 가사는 여전히 아내인 내가 해야 하는 걸로 생각한다. 심지어는 초인종이나 전화벨이 머리맡에서 울어대도 꼼짝 않고 신문만 들고 있다. 그럴 때면 설거지를 하다가 물 묻은 손으로 전화를 받기 일쑤다. 손님이 찾아와 초인종이 울려도 내가 가서 문을 따주어야 한다. 처음에는 응석처럼 받아주었지만, 이제는 아니다 싶었다.

'한동안 직장 생활에 시달렸는데, 군주 대접 좀 받고 싶겠지.'

하고 너그럽게 보아주었다. 그런데 그런 생활이 짧게 끝날 기미가 보이지 않았다. 속상할 때면 '나도 뒷바라지하며 네 마리 토끼 키우느라 무던히 힘들었다.'라는 말이 목울대까지 뜨겁게 올라왔다.

그날도 여느 때처럼 저녁 준비를 하고 있었다. 도마에 칼질을 하는데, 왼쪽 어깨에서 그만 뚝하는 소리가 났다. 어깨와 팔이 너무 아팠다. 그전부터 팔이 저렸지만 대수롭지 않게 여기고 지나쳤는데 이제 올 것이 왔나보다고 생각했다. 저녁을 서둘러 마치고 찜질팩으로 달래보았다. 그러나 효과는 미미했다.

"가족이 함께 오셔서 이 사진을 꼭 같이 보면 좋겠습니다."

엑스레이 사진을 살피던 의사가 머리를 갸우뚱거리며 심각한 표정을 지었다. 뒤쪽 목뼈가 심하게 협착되어 어깨의 신경을 짓누르고 있다고 했다. 조금 더 시일이 가면 큰 수술을 해야 한다며 지금부터라도 무리한 일을 삼가고 치료를 받으라고 했다. 거의 S자로 구부러진 목뼈가 형광판 위에 허옇게 눈에 들어왔다. 어떻게 저렇게 휠 수가 있지? 마음이 심란했다.

물리치료를 받고 돌아오는 발걸음이 무거웠다. 그래, 항상 짱짱할 수는 없겠지. 기름칠이나 수리 한 번 하지 않고 60년씩이나 깔축없이 부려 먹었는데…. 순간 스스로 몸을 돌보지 않은 것이 후회되었다. 곧바로 남편을 불러 자초지종 내 몸에 대한 이야기를 했다.

그 후로는 만년 과장님이나 교장 선생님 같던 남편이 조금씩 변하기 시작했다. 쓰레기를 분리하고, 청소기까지 돌렸다. 심지어는 싱크대 앞에 겅중 서서 설거지하는 생경스런 모습도 간간이 보여준다. 내심 미안하기도 했지만, 내가 온전치 못하면 그가 더욱 힘들 것이기에 그냥 도움을 받아들이기로 했다.

"요즘에 당신을 보면 유우위무(乳牛慰撫)라는 말이 맴돌아요."

"그렇게 생각한다면 나 당장에 이 고무장갑 벗어버릴 거야."

"어휴, 한다면 하는 성격 아니랄까 봐."

싱거운 농담이 고즈넉한 집안을 밝힌다. 나를 이해해주고 마음 쓰는 남편이 고맙다.

네 시간여의 광교산행으로 고달팠는지 짧은 낮잠에 코까지 가랑가랑 곤다. 평소와 다르게 잠을 자는 남편이 예사로 스치지 않는다. 정수리엔 광교산 골바람이 아직 고여 있고, 단아하던 이마에는 가로 주름이 물너울 친다. 펠리컨을 닮아가는 턱밑의 깊은 주름이 눈에 집히듯 들어온다. 성글어진 정수리가 산바람에 많이 시렸겠다. 다음 산행에는 털모자를 씌워드려야겠다. 어차피 그와 나는 유우위무가 아닌, 짜낸 우유를 함께 마셔야 할 동반자가 아닐까?

바깥양반과 안 사람으로 아우르던 지난 세월의 무늬를 함께 지닌 영원한 길동무이기에.

부부싸움

애교라고는 약에 쓸래도 없는 무뚝뚝한 나의 말투는 일상 속에서 많은 문제점을 만든다. 부부가 중심이 되어야 하는 가정에선 물론이고, 경쟁이 치열한 직장에서도 그로 인해 후회할 때가 많았다. 친구 관계에서도 그렇다.

전라도 말씨가 원래 투박하기도 하지만, 나는 유난히 심하다. 남편은 처음에는 그러려니 하더니, 해가 갈수록 살갑지 못한 나의 언어를 불평했다. 그럴 때면, 사랑이 식어서 그렇게 들린다거나, 우리 환경이 그렇게 만들었다는 둥 반박만 했다.

물론 돌이켜 보면 전적으로 내 탓만은 아닌 것 같다. 결혼하자마자 우리의 신혼 셋방에서 어린 시동생과 시누이가 함께 살았다. 시댁이 해변 산촌이라서 시동생들이 중고등학교를 시댁에서 통학할 수가 없었다. 그래서 면 소재지에 차린 큰형의 됫박만 한 신혼 두 칸 방에서 학교를 다녔다. 나는 자동으로 스물여섯 살 새댁이 아니라, 천 근 같은 눈꺼풀 걷어 올리며 새벽밥 짓고, 도시락 몇 개씩 싸는 엄마 같은 큰 형수가 되었다. 그런데다 남편은 칠남매의 맏이로 자라서 그런지 근엄하기 이를 데 없었다. 시동생들은 시아버님보다 큰 형님인 남편을 더 어려워했다. 동생들에게 항상 무서운 큰 형님, 큰 오빠이듯이, 아내인 나에게도 어려운 큰 오빠 같았다. 퇴근하면 오붓한 신혼부부가 아니라, 동생들이 두셋씩 함께하는 하늘 같은 장남의 자리만 보였다. 큰 형수는 사춘기 시동생들 앞에서 항상 조심스럽고, 어른스러워야 했다. 지금 생각하면 남들처럼 알콩달콩 재미있고, 애교 넘치는 신혼생활이 아니었다. 그렇게 길들여진 사무적인 말투는 뒤늦게 노력했지만 잘 고쳐지지 않았다.

어느 날 남편이 직장에서 집으로 전화를 했다. 설거지를 하던 물 묻은 손으로 황망히 수화기를 들었다.

"왜요?"

남편은 벌컥 화를 내며 뚝 끊어버렸다. 나도 당황했다. 그날 퇴근하고 귀가한 남편은 본격적으로 싸움을 걸어올 기세였다. 전화를 그런 식으로밖에 못 받느냐고, 무슨 여자가 교양이 그 정도밖에 안 되느냐고…. 남편에게 질세라, 그건 전적으로 내 탓이 아니라고 응수했다. 그렇다고 통화 중에 일방적으로 뚝 끊어버리는 사람의 수준은 어느 정도냐고 맞장구를 쳤다. 우리는 달걀이 먼저야, 닭이 먼저야 하는 식으로 갑론을박 말다툼했다. 부부싸움은 사소한 일로 크게 번진다고 하더니, 1주일 이상이나 냉전이 계속되었다.

시댁 율촌으로 어머님 뵈러 가는데, 같은 차를 타고 가면서 아무 말도 없이 여섯 시간 동안 장거리를 주행했다. 침묵의 무게는 두 사람의 목이 휘도록 짓눌러왔다. 아무리 생각해도 달포 만에 뵈러 가는데, 그런 모습으로 어머님 앞에 갈 수는 없었다. 마음은 내키지 않지만, 어떤 식으로든 화해하고 가야 할 것 같았다. 그래서 남편의 동의도 구하지 않은 채 순천 시내 입구에서 순천만 쪽으로 핸들을 꺾었다. 남편은 갑작스런 나의 행동에 제동을 걸었다. 그러나 운전대는 내가 잡고 있었다. 30여 분을 입 꽉 다물고 내쳐 달렸다. 차창 밖에 가까워졌다가 멀어지는 가을 들녘은 농주 담근 항아리 속같이 보글보글 괴던 내 마음을 조금 진정시켰다.

순천만 갯벌에 드넓게 펼쳐진 갈대밭은 어릴 때 고향 들녘의 밀밭 같았다. 그 위로 은빛 늦가을 햇살이 부서져 내리고 있었다. 손에 닿을 듯 내려앉은 파란 하늘엔 흰 구름이 목화솜을 찢어놓은 것 같았다. 드디어 무거웠던 가슴이 확 트였다. 하늘 향해 쭉쭉 뻗은 늘씬한 갈대는 흡사 푸릇한 냄새가 물씬 풍기는 고향 밀밭의 호밀 같았다. 그리고 바람 끝에 사운사운 흔들리고 있는 갈대꽃은 마치 손으로 비벼 먹음직한 밀이삭 같았다. 때마침 남해를 가로지른 갯바람 한 무더기가 달려들어 갈대밭을 쏴– 쏴– 흔들어댔다. 갈대밭은 일순간에 내 고향 함평 들판에 가득 물결치는 거대한 밀밭이 되었다.

긴긴 봄, 햇볕 한 줌이라도 한 입 베어먹고 싶던 보릿고개 때의 일이다. 귀갓길에 꼬르륵거리던 뱃속을 밀 이삭 싹싹 비벼 순덕이, 윤순이와 함께 달랬었다. 그 친구들의 연둣빛 웃음소리가 눈앞에 펼쳐진 갈대밭에서 들려오는 듯하다. 조무래기들 하굣길에, 간 빼 먹는 문둥이가 무서워 들녘에서 숨을 곳을 찾았다. 참새 같은 조무래기들은 때마침 우죽우죽 키를 재는 밀밭으로 오르르 기어들었다. 참새들의 할딱거리는 숨결로 서로의 귓불은 앵둣빛으로 달구어졌다. 그렇게 엎드려 해지는 줄도 모르고, 밀 이삭 사운대는 소리에 두 귀는 쫑긋 토끼 귀가 되곤 했었다.

45년이 지났는데, 갈대꽃 물결에서 그때 밀밭 속에서 두근거리던 심장 소리가 가슴에 부서지는 듯하다. 그때 그 동무들은 어디에서 나처럼 이렇게 부부싸움도 하며 엎치락뒤치락 삶의 파도를 타고 있는지….

갈대는 질퍽하고 차가운 갯벌에 한 마디 불평도 없이 뿌리내리고, 목이 자롬한 저어새와 검은 머리 오리들의 아늑한 둥지가 되어주고 있다. 갈대는 그렇게 환경을 탓하지 않고, 순응의 세월을 엮어가고 있다. 뿐만 아니라 꿋꿋하게 자리를 지키며 수많은 갯벌 생명체의 지킴이가 되어주고 있다. 우리 부부 또한 갯벌 같은 질곡의 세월, 서른두 해를 함께 살아왔다. 강산이 세 번 변하고도 남는 세월인데 우리의 인성은 아직도 변하지 않고, 자신만을 주장한다. 그 잘난 자존심에 손톱만큼이라도 상처 날까 봐 목을 곧추세우고, 날 세운 목소리로 마음 판을 후빈다.

아무가 먼저 손 내밀면 나락으로 떨어지기라도 하는 것일까? 가문에 손상이라도 되는 것일까? 어떤 이유로든지 직장에서 집으로 전화했는데 아내의 첫 마디가, "왜?"라고 퉁명스럽게 들려오면 유쾌하게 통화를 계속할 남편이 세상에 몇이나 될까? 그렇다. 이제 남편의 탓으로, 또는 환경 탓으로 돌리지 말자. 말은 내 입으로 내 의지를 담아 내가 하는 것이다. 큰돈이 드는 것도 아니다. 남편이 먼저 변하기만 원하지 말고, 내가 먼저 상냥하게 대하자고 다짐하여 마음 한 편에 개켜두었다.

"미안해요. 상냥한 말 공부 많이 할게요."

한 발이나 남아있던 해는 어느새 가뭇없이 사라진다. 화덕 같이 달구어진 올여름 햇볕에 까맣게 탄 남편의 이마 위로 벌써 발 빠른 해 걸음이 성큼성큼 내려오고 있다. 이심전심인가? 남편은 붉게 타는 놀을 뒤로하고, 통명스런 나에게 보일 듯 말 듯한 미소를 보낸다.

싱싱냉장고의 자연사

냉장고의 심장이 멈췄다. 우리 집에 온 지 19년 만이다. 근래에 돌아가는 소리가 심하게 웅웅거렸다. 문짝 둘레의 패킹은 닳아 너덜거려서 테이프로 붙였다. 허나 올여름 오이냉채는 여전히 시원했다.

그런데 어제부터 위아래 동네가 모두 조용하다. 전원 전구만 눈을 빠끔히 뜨고 있다. 흡사 식물인간 같다. 이곳저곳을 들여다보고 코드를 뺐다가 다시 꽂아도 도무지 반응이 없다.

냉장고는 몸살로 끙끙 앓던 어머니 같다. 밤새 앓던 어머니는 우리들이 아침에 눈을 뜨면, 부엌에서 여전히 아침을 지었듯이, 냉장고도 몸살을 툭툭 털어내고 금방이라도 웅웅 소리를 낼 것 같다. 그런데 한나절이 지나도 고요하다. 하는 수 없이 냉장고 제조회사로 전화를 했다. 상냥한 아가씨는 냉장고의 출생연도와 이름을 묻는다. 95년생 LG 싱싱냉장고라고 했더니, 제품이 오래돼서 교체할 부품이 없단다. 그래서 수리할 수 없으니 냉장고를 교체하란다.

겉은 아직도 멀쩡한데. 호흡을 멈춘 냉장고를 쓰다듬어본다. 그동안 한 번도 숨쉬기를 멈춰본 적이 없다. 이제 수명을 다한 자연사인가? 아쉽지만 보내주어야겠다.

한참을 마주 서 있다가 수세미와 행주를 들었다. 보내더라도 올 때처럼 말갛게 닦아서 보내고 싶다. 먼저 냉장고 속을 비운다. 냉기 없는 냉동실에는 작년 가을에 다져서 보관한 마늘 봉지들이 말랑하게 녹고 있다. 똬리 지어 차곡차곡 쟁여놓은 무청 시래기도 녹아서 버그러지고 있다. 올여름 가족들의 땀을 식혀 줄 미숫가루 봉지도 소란스런 손길에 몸을 옴츠린다.

다음엔 싱싱고다. 수박화채며 식혜가 자리했던 곳이다. 세 개의 선반은 각종 찬 통이 줄지어 기거했다. 3층 한구석에 살구잼이 흘렀던지 굳어서 험하다. 얼마나 끈적거렸을까? 자주 살피지 못한 나의 타성이 움찔한다.

맨 아래쪽은 신선 채소 박스다. 오이, 당근, 참외 몇 개가 아무 물정 모르고 밍근한 공기 속에 오블오블 앉아 있다. 명줄을 놓고 식어가는 엄마 품에 깃들어 있는 어린아이들 같다. 지난날 딸들의 고사리 손자국이 어지럽게 찍혔던 손잡이를 만져본다.

아이들이 한창 자랄 때였다. 학교에서 돌아오면, 입으로는 '엄마 다녀왔어요.' 하면서 작은 두 발은 어느새 냉장고 앞으로 달려갔다. 냉장고는 누에 뽕잎 먹듯 하는 딸들의 왕성한 먹성을 깔축없이 감당해냈다. 지금은 각자 제 살림을 살고 있는 네 마리 토끼들의 해맑던 얼굴이 손잡이에 어른거린다.

냉장고는 음식을 신선하게 보관해주는 장점도 있지만, 암암리에 타성과 욕심도 키워주는 것 같다. 평소에는 먹을 게 별로 없는 것 같았다. 그런데 비우다 보니 웬 것이 그리 많이 쏟아져 나오는지, 냉장고 앞이 수북하다. 인류에게 냉장고가 생기고 나서부터 음식 나눔의 문화가 점점 사라진다고 한다. 더 오래 보관할 수 있기 때문일까? 보관이 안 될 때는 음식이 상할까 봐서라도 더 나누었으리라.

우리 인간은 수명을 다하면 흙 속으로 스러진다. 하지만 냉장고는 형체마저 그대로 갖고 가지 못한다. 야정 없는 인간에게 고철조각 하나까지 보시하며 떠난다. '사람 같으면 열아홉이면 꽃다운 청춘인데, 너는 벌써 생의 종말을 맞는구나.' 냉장고에게도 미래가 있지 않을까. 인간이 흙으로 돌아가 다른 생명체를 키우듯이 해체된 냉장고도 용광로를 거쳐 또 다른 물체로 환생할 것이다.

LG 싱싱냉장고는 내일이면 타성받이인 삼성 지펠에게 자리를 내줄 것이다. 창문으로 스며든 푸른 달빛이 그 빈속을 채운다. 속을 텅 비운 냉장고는 무소유(無所有)의 홀가분함을 만끽하는 듯하다.

알량한 욕심들로 비좁은 내 안도 이제는 하나씩 비워내자. 그리고 영혼의 유희로 채워보리라. 도미니크 로로는 '심플함이 삶을 풍요롭게 하는 긍정적인 가치'라고 했는데, 그 의미를 조금 알 듯하다. 들이치는 달빛 속에 주방을 서성이는데, 어느 날의 당황했던 일이 주마등처럼 스친다.

어느 휴일 해거름이었다. 우리 부부는 밑반찬 두어 가지만 놓고 간단히 저녁을 먹으려 하고 있었다. 그런데 큰딸 내외가 어디 다녀오는 길에 갑자기 들렀다. 얼굴 보는 반가움은 잠시고, 백년손님이라는 사위의 저녁 차릴 걱정이 앞섰다. 오후 시간을 태평하게 보내버렸다는 때늦은 후회를 했지만, 그때야 시장으로 달려갈 수도 없지 않은가?

애꿎은 냉장고만 위아래 여닫으며 무엇이 없을까 헤맸다. 그때였다. 냉동실에서 비닐에 싸인 자반고등어가 외친다. '제가 있잖아요. 묵은지 깔고 풋고추 숭숭 썰어 얹어 한 냄비 얼른

지지세요.' 하며 나를 재촉한다. 그날 저녁은 얼큰한 자반 묵은지 찜으로 즉석 성찬이 되었다. 순전히 싱싱냉장고 덕이었다.

냉장고는 그동안 그와 같은 위기를 수없이 모면해주었다. 이제 보내려니 동역자를 넘어 동지애로 찡하게 다가온다.

싱싱냉장고와 나. 냉장고는 폐물로 용광로 속에서 녹아내리고, 나의 가랑잎 같은 육신도 뒤따라 흙 속으로 스며들 것이다. 그리고 대지 위 어디선가 우리들의 훈풍 같은 스침이 다시 있을지도 모른다.

영원한 시종

웬일일까?

주인아저씨가 아주머니와 함께 매연에 찌든 내 몸을 씻어준다. 아저씨가 이러는 건 처음이다. 이 댁은 어찌 된 일인지 나를 씻기는 일, 날 데리고 병원 가는 일은 물론 내가 배고파할 때도 가사에 바쁜 아주머니가 다 해결해준다. 내가 이들의 가족이 된 것은 2006년 늦가을, 아기 주먹만 한 알밤이 비석골 밤밭에 후두둑 쏟아지던 때였다.

며칠 전, 전라도 율촌에 갔다. 나는 야트막한 비석골 산기슭 밭둑을 오르내리며 다람쥐처럼 분주하게 알밤자루를 담아 날랐다. 몇 탕을 뛰고 나니 짧은 가을 해는 어느 사이 기울어 여

자만(灣) 수평선을 걷고 있었다. 나는 밤새 동안 운전으로 파김치가 되었다. 그러나 쉴 수 없었다. 내일 아침, 아저씨의 출근 때문에 밤을 밝혀 고속도로를 질주해야 했다. 조수석에 앉은 아저씨는 운전석의 아주머니에게 운전을 심하게 간섭하는 바람에 서먹한 분위기였다. 주행은 내가 하는데, 두 사람은 왜 들 싸우는지 모르겠다.

앞이마는 전조등 불빛을 좇아 모여든 수많은 나방과 하루살이들의 시체가 까맣게 달라붙었다. 소중한 내 이름표의 숫자까지 까맣게 덮었다. 밭둑 풀잎 사이에서 청량하게 울던 연둣빛 여치도 아직 숨을 할딱이며 붙어있다. 내려갈 때에 물 찬 제비 같던 내 몰골은 말이 아니었다. 이슬 젖은 들판을 뛰어다닌 개구쟁이의 바짓가랑이처럼….

아저씨는 내 주위를 살피더니 팔을 걷었고, 아주머니는 들통에 물을 떠 왔다. 아저씨보다는 아주머니가 나를 무척 사랑했다. 찬물이 아니라 미지근한 물에 세제 한 스푼 풀어서 내 안팎을 닦고, 왁스까지 뿌려 마른 수건으로 닦아내니 안과 밖은 뽀송해졌다. 내 몸에서 볕 좋은 날 빨랫줄에 말린 빨래 냄새가 났다.

아주머니를 위해 나도 내 일생을 바쳐 좋은 친구가 되기로 했다. 그녀가 어떤 말을 해도 다 들어주고, 입이 무거운 친구가 되며, 좋을 때는 함께 노래 부르고, 슬플 땐 같이 눈물을 떨구며…. 그뿐 아니다. 운행할 때, 위험한 순간에는 나를 온전히 희생해서라도 그녀를 보호해주기로 했다. 무생명체인 나를 생명체인 어느 친구보다 아껴주는 아주머니를 위해 그보다 더한 것도 할 수 있으리라.

그녀는 초보인지라 내 몸에 크고 작은 상처를 많이 남겼다. '괜찮아, 네가 그렇게 무사하니 얼마나 감사하냐'며 나는 이해심 많은 큰 언니가 되었다. 오히려 내가 아주머니를 걱정했다.

우리가 한가족이 되고 나서 달포쯤 지난 그녀의 출근길이었다. 수원 권선구청 앞 사거리에서 좌회전 신호 대기 중이었다. 그런데 옆쪽에서 검정색 그랜저가 정지 신호를 무시하고 달려들었다. 먹잇감을 발견한 굶주린 표범처럼 내 옆구리로 돌진해 온 것이다. 피할 수가 없었다. 순간이었다. 아주머니는 운전석 쪽 문짝을 퍽 치는 소리를 들으며 핸들을 잡은 채 눈을 꼭 감아버렸다.

'이렇게 죽는구나.' 하며 그녀의 가족 얼굴이 번개같이 스쳐 갔을 것이다. 그동안 잘 못 해줬던 일들도 빠르게 지나갔겠지. 그 순간에도 강한 모성은 '살아야 한다'는 생각이 났을 것이고. 나도 정신을 차리고 눈을 떴다. 왼쪽 내 옆구리가 휴지처럼 구겨진 채 그녀를 누르고 있었다. 언제 왔는지 걱실걱실한 렉카 기사가 내 몸의 반대쪽을 두드리며 다급하게 아주머니를 불렀다.

"괜찮으세요?"

그녀는 렉카 기사가 열어주는 내 옆구리를 통해 겨우 빠져나갔다. 휴지처럼 구겨진 내 몸 안에서 그녀가 무사했다니, 내 구겨진 몸은 하나도 아프지 않았다.

그 후부터 나와 그녀는 한국전쟁의 격전장에서 살아남은 전우처럼 혈맹 관계가 되었다. 아주머니는 나의 작은 상처에도 더 쓰라려한다. 조심히 다녀도 앞뒤 이마에 크고 작은 찰과상을 많이 입는다. 상처마다 아픈 사연들이 노송 위의 흰 눈처럼 시리게 얹혀있다. 그중에도 이마 같은 뒤범퍼의 함몰 부위를 보면 그녀도 나도 마음이 많이 아프다.

몇 년 전이었다. 아주머니의 귀가시간 때문에 아저씨와 심각한 부부싸움이 있었다. 아주머니가 일하는 회사에서 저녁회식을 하던 날이었다. 2차를 간 것이 화근이었다. 그녀는 노래도 못하면서 사원들 분위기를 맞추느라 따라갔다. 싸리바구니 안의 참게처럼 기어나갈 기회만 엿보았다. 아마도 홍두깨 방망이질로 심장이 터질 듯했을 것이다. 조명 불빛이 머릿결에 자르르 미끄러지는 명창 같은 박 여사의 칠갑산이 구성지게 울려퍼졌다. 아주머니의 귀에는 아무 소리도 들리지 않았다. 아저씨의 얼굴만 커다랗게 맴돌 뿐. 아주머니는 귀청이 터질 듯한 밴드 소리를 뒤로하고 용수철처럼 튕겨 나왔다.

아뿔싸! 부재중 전화가 세 번이나 찍혀있었다. 아저씨의 전화였다. 이들 가족만의 불문법인 통금 시간 열두 시를 훌쩍 넘긴 것이다. 나는 당황한 그녀를 급히 태우고 젖먹던 힘을 다해서 가능한 속력을 다 냈다. 네 개의 둥근 내 발바닥에서는 땀이 흥건히 배어났다. 아주머니의 발바닥도 아마 땀이 배었을 것이다. 수원 매탄동에서 송죽동까지 20분 정도 걸렸다. 하지만 나에겐 스무 시간쯤 되는 것 같았다. 이럴 때는 아저씨가 원망스럽다. 이제는 지천명을 앞에 둔 아주머니에게 통금 시간의 융통성을 좀 두어야 하지 않을까 싶다.

집안은 폭풍전야였다. 그녀는 화가 충천해 있을 아저씨를 피해서 딸 방으로 고양이처럼 스며들었을 것이다. 딸과 이런저런 이야기를 나누다 보니 폭풍 후의 남해 바다처럼 긴장이 풀렸으리라.

다음날 퇴근 후, 역시 그냥 지나칠 아저씨가 아니었다. 아저씨는 전후 사정 말도 없이 주차장에서 숨죽이고 있는 나의 뒤통수를 힘껏 내려 찼다. 주인님 잘 모시고 다닌 일밖에 없는데, 기습을 당한 것이다. 여린 나의 이마는 혹이 나다 못해 함몰되었다. 움푹 들어간 자리는 영영 나올 줄을 몰랐다. 아주머니는 그런 내 이마를 볼 때마다 쓰다듬어주었다.

아주머니는 오늘도 나를 씻기며 내 몸의 상처들을 어루만져 주었다. '괜찮지 친구야? 그래도 우리 부부 이렇게 잘살고 있잖니?'라며 달래주었다.

나는 아주머니와 합창을 하는 날도 있다. 그녀가 문예창작반에 공부하러 가는 날이면 그렇다. 그녀가 기쁨 충만하여 복음성가라도 부를 때면 나는 타작마당의 도리깨처럼 어깨를 들썩거린다. 그런데 아주머니가 근심 가득하여 우울할 때는 나도 덩달아 힘이 빠져 묵묵히 달리기만 한다. 그럴 때 친구라도 만나 속마음을 털어버리면 좀 시원할 텐데, 아주머니는 나 말고는 그런 친구도 없는 것 같다. 혼자서만 폭폭 끓이곤 한다. 내가 인간의 언어를 사용할 수 없다는 사실이 그럴 때 가장 아쉽고 한스럽다.

아저씨는 나의 뜨거운 심장이 부릉부릉 뛰고 있는 가슴까지 열어젖힌다. 먼지가 부옇게 쌓인 구석구석에 진공청소기를 들이댄다. 갖가지 가을걷이 열매로 가득 채워서 대갓집 곳간 같던 트렁크 안까지 말갛게 닦고 정리한다. 난생처음 아저씨의 자상한 고임을 받는다. 감당하기 버겁다. 천하를 가진 듯하다. 아저씨 내외가 항상 오늘만 같다면 얼마나 좋을까?

이런 날은 푸르스름한 여명을 가르며 홰를 치는 수탉처럼 시원한 시동 소리로 응답한다.

위도 해변에서

달포 전부터 계획했던 여행을 이제야 떠난다. 결혼 31주년 기념여행이다. 짧은 1박 2일 동안 비우는데도 떠나기 전에 해야 할 집안일이 왜 그리도 많은지 모르겠다.

새벽 6시 남편의 소란스런 재촉과 함께 출발했다. 목적지는 부안군 위도였다. 그곳은 격포로부터 40여 리 떨어진 서해에 위치한 섬으로, 그 유명한 조기 어장인 칠산어장의 중심지다. 1970년대 초까지만 해도 봄, 가을이면 조기떼가 몰려들어 파장금항엔 '위도 파시'가 들어섰다고 한다. 그리고 영광굴비의 명성은 이 무렵에 얻어졌는데, 본래는 부안군에 소속되었던 위도가 한때 영광군에 소속되었다가 다시 부안군에 편입되었다고 한다.

수원에서 네 시간 달려 격포항에 도착했다. 활기 넘치는 파장금항에서 얼큰한 조기 매운탕으로 장거리 운행의 피로와 민생고를 해결했다. 격포항에서 애마 아반떼와 함께 위도행 여객선에 탔다. 자그마한 여객선은 50여 명의 승객과 10여 대의 차량을 품에 안고 신나게 봄날의 물살을 가른다.

육지에서는 주인들 모시느라 힘들었던 크고 작은 차들이 지금은 여객선의 고임을 받는 의젓한 손님들이다. 막내 같은 앙증맞은 마티즈 옆에는 천일염을 가득 실은 트럭이 큰 오빠처럼 양반다리를 하고 앉아 있다. 갖가지 어구를 실은 트럭에선 어구들의 속삭임이 쪽빛으로 물들어간다. 잔잔한 수면 아래서는 만삭된 여인의 태동처럼 파도가 꿈틀거린다. 그러다가 또 수자직 비단 이불을 펼친 듯 초록빛 보드라움이 손에 잡힐 듯하다. 햇빛과 공기와 물이 모두 내 것인 양 풍요롭다.

지지고 볶던 그간의 결혼 생활이 환등기처럼 클로즈업되었다가 파도 속에 스며든다. 참 많은 화면이 지나간다. 그중에는 아이들과 함께 배꽃처럼 환하게 웃던 내 모습이 더 많다. 일개미 두 마리가 내달리다 파도 정점에서 멈추는 모습이 보인다. 서른한 해를 달려온 두 마리 일개미는 위도의 여객선 갑판에서 잠시 이마에 땀을 닦는다. 그리고 뒤돌아본다.

오늘따라 남편의 희끗희끗한 머리카락이 더 많아 보인다. 근자에 몇 차례 여행을 했는데, 우리는 웬일인지 꼭 귀가할 때는 엉킨 실타래가 되어있곤 했다. 이번엔 그러지 말자고 다짐하며 출발했다. 31년을 함께 했지만, 아직도 버리지 못한 교만의 각진 부분들이 부딪쳐 작은 불협화음을 낸다.

위도의 갯바위는 날 세우고 덤벼드는 파도를 끌어안고 얼마나 삭였을까? 날 세운 파도는 삐죽삐죽 삐져나온 모난 갯바위를 쓰다듬고 다독이며, 각진 자존심도 녹여냈겠지. 그리고 교만의 파편들을 바다 가득 채워냈으리라. 천 년, 만 년…. 둥글어지다 못해 몽돌이 되어버린 갯바위는 이제 어떤 풍랑에도 초연하다. 자신을 관조할 수 있는 여유로움을 터득한 몽돌이 존경스럽다.

치잣물 낭자한 서해 끝에서 우럭과 놀래미가 낙조를 물고 낚싯줄에 매달린다. 낚싯줄은 황금빛 화선지 위에 포물선을 그어대고, 쫄깃한 우럭회가 혀끝에 감겨온다. 토끼 같은 아이들 생각에 힘차게 게걸음 치는 꽃게도 한 바구니 동행에 끼웠다. 애호박 숭숭 썰어 넣고 된장, 고추장 진하게 풀어 구수한 엄마표 꽃게탕을 끓여야겠다. 막내가 어릴 적에 꽃게를 보고 게걸음 흉내를 내던 모습이 떠오른다. 그 막내가 벌써 대학 졸업반이다.

오랜만에 이심전심으로 우리 부부는 마주 보며 몽돌 몇 개를 주워서 주머니에 담았다. 우리 부부가 함께 살아온 날보다 어쩌면 살아갈 날들이 더 적게 남아 있을지도 모른다. 자존심 세우고, 날 세워서 개선장군이라도 될 건가? 그렇게 여유 부릴 시간이 우리에게 많지 않을 텐데….

우리는 서로에게 말없이 물으며 말없이 답한다. 몽돌의 두루뭉술한 진리가 두 사람의 중심에 꽂히는 위도의 해변에서.

3장

어머니의 언덕

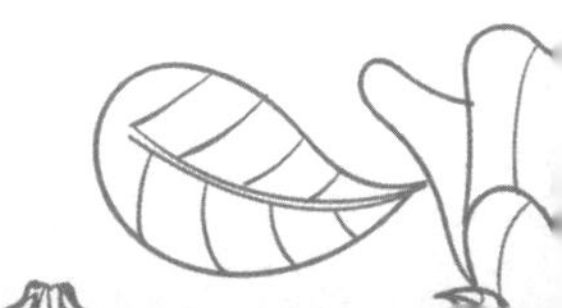

시어머니와 수의(壽衣)

"큰아야, 이리 좀 오니라."

시어머니는 장롱 끝 서랍에서 묵직한 보따리를 꺼낸다. 파란 보자기를 풀고 빛바랜 신문지를 벗기고, 또 한 겹의 마분지를 벗긴다. '웬 삼베옷?'

며칠 전, 여천 시댁에 갔을 때의 일이었다. 토실한 감자를 캤다. 텃밭에 나풀거리는 푸성귀들을 돌보느라 하지로 접어드는 눅진한 햇발이 짧기만 했다. 시어머니는 볕이랑 물이랑 바람이 다 우리 것이 아닌데, 우리 밭에까지 골고루 내려주는 하늘의 뜻에 무척 고마워했다.

"애야, 내가 오늘 간다 해도 내 집과 옷은 다 준비되었구나."

시어머니는 손수 지은 수의를 내놓으셨다. 헌데 풀기 없는 음성에 가느다란 진동이 스쳐 간다. 시어머니의 집도 일찍 마련했다. 여기에서 집이라 함은 시아버지 묘 옆에 써놓은 시어머니의 가묘(假墓)를 일컬음이다. 수의를 지은 삼베는 시어머니가 젊었을 때 손수 베틀에 짠 것이라고 했다.

"얘가 긴 세월 서랍 속에 쭈그리고 있어서 온몸이 짓물렀을 겨."

노란빛이 선명한 삼베옷은 장롱 속에서 질식해있었는지, 눈부신 바깥 구경에 막힌 숨을 토한다. 저고리, 통치마, 고쟁이, 버선, 손발톱 싸개까지 한두 가지가 아니다.

수의는 시어머니의 평소 옷보다 훨씬 더 큼직큼직했다. 꺼낸 김에 얘들 거풍 좀 시키자며 하나씩 펼쳐놓는다. 시어머니는 마지막 길에 함께 갈 동무들이라며 애잔해한다. 언젠가 내가 갈 그 길에도 베옷 한 벌이면 족할 것이다. 그런데 이순(耳順)이 되도록 입을 것과 먹을 것, 그리고 좋은 집에 얼마나 많은 눈길을 주었고 마음까지 주었던가?

시어머니는 수의를 보여주고는 흡사 큰 짐을 내려놓은 듯 평안해하신다. 낮에 감자를 캐느라 힘들었을 어머님이신데, 안개꽃 같은 이야기꽃을 계속 피우셨다. 여름밤은 짧다. 산자락을 적시던 새들의 울음소리도 어둑발 속에 잦아들었다. 그런데 개구리들은 초저녁부터 계속 신명 나게 울어댄다.

"개골개골, 괙괙! 개굴개굴 꽉꽉!"

"엄니, 개구리들이 참 요란스럽네요."

"저 소리는 이리 오씨요 저리 가씨요 하며, 지네들끼리 서로 주고받는 말인 겨."

낮에는 새들의 비밀 이야기를 다 알아듣더니, 밤에는 개구리들의 사연도 모두 꿰뚫는 시어머니다. 그뿐 아니다. 밭에 숨 쉬는 온갖 푸른 것들에게 가뭄에도 잘 컸다며 일일이 치사를 한다. 시어머니를 보고 있으면, 장자의 물아일체가 온통 들어온다. 자연 만물이 어머니이고, 어머니가 곧 자연 만물인 듯하다.

"근데 엄니는 수의를 언제 그렇게 만들었어요?"

"푸우~푸우~."

시어머니는 이야기 끝도 안 맺고 어느새 코를 고신다. 형광등도 길쭉한 눈을 하얗게 뜨고, 우리 고부의 이야기를 엿듣다가 밀려오는 졸음에 눈을 감는다.

마당에 내려앉은 열이레 달빛이 교교하다. 장지문에 걸러진 달빛이 방안의 어둠 속으로 스며든다. 방 안이 희붐하다. 밤바람에 밀려온 여자만(灣) 갯내가 문틈으로 기어든다. 어둠 속을 더듬어서 시어머니 손을 잡아본다. 옹이 박힌 손마디가 마른 솔가지처럼 쥐어진다. 따스한 온기가 내 손으로 흐른다. 우리와 함께 수원으로 가자고 하면, 아직은 흙이 너희들보다 더 좋다며 그 손으로 손사래를 치곤 했다. 정작 흙보다 자식을 소중하게 생각하시면서도 애써 에두르시는 시어머니의 손사래에 마음은 늘 공허하다.

시아버지 돌아가시고, 우리는 직장을 따라 수원으로 옮겨 앉은 지 22년째다. 퇴직하면 귀농하려 했는데, 칡뿌리처럼 뒤엉킨 수원에서의 뿌리를 좀체 뽑아낼 수가 없다. 아니다. 도회지 문화에 길들여진 입맛을 버리지 못하는 욕심일지도 모른다. 잘되는 것이 무엇인지. 대처로 나가 잘되어서 효도한다는 것이, 오히려 불효의 한만 키운 것 같다.

수의를 되작이는 시어머니 앞에서 회한의 찬바람이 명치끝에 시리게 파고든다. 멀고 바쁘다는 핑계로 자주 볼 수 없는 자녀들의 얼굴은 시어머니에겐 늘 아쉽기만 하리라. 시어머니는 칠흑 같은 허공에 얼굴을 하나씩 그리다가 꿈속으로 이어졌고, 무덤 속 같은 자그마한 방에서 혼자 잠들고 깨기를 28년째다. 시어머니의 연세 여든여섯, 예전의 당차던 모습은 아슴푸레하고, 마치 바람 든 무처럼 퍼석하다. 무정한 자식들은 어머니의 숭숭 뚫린 마음 판에, 자신들의 뒷모습만 그득히 새기고 저희들 둥지로 떠나곤 한다.

"엄니, 저 곧 여기 와서 살게요."

"아니다. 내 걱정 말고 어여 가거라. 남은 두 놈들 여우 살이

(결혼) 잘 시켜야 니 헐 일 다 허는 겨."

염치없이 그 말씀에 의지하며, 수원을 향해 무거운 발걸음을 놓는다. 내일 밤이라도 장롱 속 수의를 입혀드려야 할지도 모르는 시어머니를 사립문 앞에 남겨두고….

상자(棺)

순천의료원. 두 자 정도 넓이의 길쭉한 상자가 민낯으로 누워 있다.

구불구불한 소나무 결은 고인이 걸어온 행로일까. 솔향이 결 따라 번지고, 솔숲에서 지저귀던 새 소리도 묻어나온다.

이제 87년의 생을 곱게 매듭지은 한 여인의 온기 없는 육신이 이 상자의 주인공이다. 여장의사의 손놀림이 차분하면서도 분주하다. 장의사는 고인이 임종 때 입었던 옷을 번데기 허물처럼 벗겨 낸다. 그리고는 소독 솜으로 고인의 얼굴부터 닦는다. 고인은 팔과 손, 그리고 가슴, 아랫몸을 낯선 손길에게 거리낌 없이 내맡긴다. 체수 작은 마른 몸과 성냥개비 같은 팔다리에서 바삭거리는 소리가 날 듯하다. 이 세상에 와서 가졌던 소유를 다 내려놓으면 그런 모습이 될까? 소변 한 방울까지도 다 버린 빈 몸이다.

이윽고 여장의사는 화장품 상자를 연다. 화장수를 바르고 분첩을 열어 분까지 토닥인다. 그리고 입술도 곱게 바르고 눈썹도 그린다. 마무리로 연지곤지를 찍는다. 머리에 화관만 얹는다면 초례청의 새색시와 무엇이 다를 것인가. 어머님께선 생전에 저토록 고운 화장을 몇 번이나 해보았을꼬. 까실까실한 수의를 한겹한겹 입힌다. 베버선에 빨간 꽃신까지 신고 먼 길 떠날 채비를 마친다.

장의사는 좁장한 송판 상자에 꽃단장을 마친 어머니를 눕힌다. 상자는 영원한 침상이 되어 고인을 사뿐히 받아 품는다. 두께 2센티 송판 상자의 안과 밖이 선연히 구별되는 순간이다. 상자의 안과 밖! 거기가 바로 저승과 이승이 아닐까? 우리 인생의 삶과 죽음이 이처럼 맞닿아 있는 것 같은데, 우리들은 그 거리를 적어도 구만리쯤으로 생각한다.

어머님은 누워 말이 없다. 파란만장한 생의 소실점 끝이 고작 좁다란 그 상자 안이란 말인가? 대추 열매 같은 일곱 남매 자녀들이 마지막 인사를 고한다. 이제 마지막 뚜껑을 덮고, 나무못을 박는다.

입관이 끝난 관은 가랑잎 같은 고인을 담은 하나의 상자일 뿐이다. 이제는 밖에서 열 수 없고, 안에서도 열리지 않을 것이다. 영원한 침묵 속으로 스러지는 상자. 억겁의 세월을 촘촘히 누비는 지하수 소리만 조붓한 상자에 쟁여지겠지.

상자는 열두 모서리와 옹이 같은 여덟 꼭지에 사연들을 사려 짓고 말이 없다. 상자 속의 주인공들은 지위고하, 빈부귀천의 모든 서열을 무효화시켜 수평을 이룬다. 수의 한 벌 외에는 아무것도 용납하지 않는 상자는 깃털처럼 가벼우리라. 이 속에서는 지구를 전부 가진 자라 할지라도 흙 한 줌, 물 한 모금도 지참할 수 없다. 그렇게 상자는 도도하다.

세상 모든 사람들이 생의 끝점에서 만날 그런 상자를 생각하며 산다면 갈등과 분노도 모두 잊을 것이다. 많은 사람들이 뚜껑을 덮는 것을 보면서도 정작 나는 그 상자와 관계없는 듯 영악하게 시치미를 뗀다. 만물의 영장이라고 하지만 사람만큼 아둔한 존재가 또 있을까?

관이나 곽이라는 이름으로, 널이라는 이름으로 한 번 닫히면 열 수 없는 상자. 길고 짧은 여섯 장의 송판으로 지어진 상자는 혼백이 떠나버린 죽음을 안은 모든 사람을 영원히 한 줌의 흙으로 만들어갈 것이다. 그렇게 상자는 수백 년의 세월 속에 형상을 바꾸어가리라. 그리고 삭아 내린 상자의 분신은 아름드리

소나무의 뿌리에 이끌려 산화할 것이다. 그러다가 허공에 올라 연둣빛 이파리로 환생하거나 낮은 데로 향하여 한 덩이 백봉령으로 환생하여, 또 다른 세상을 풍미하며 살아가리라.

어머님의 망사신발

어머니가 벗어놓은 신발이다. 신발은 시골집 마루 밑에 몇 달째 수굿이 앉아 있다. 그 위로 각시 거미가 친구라도 해줄 양 마룻장 밑의 옹이를 걸어 그물을 촘촘히 치고 있다.

올해 여름, 시어머니가 연치 여든일곱을 일기로 소천하셨다. 평생을 흙과 함께 살다가 그 흙으로 한 평 봉분을 짓고 육신의 장막을 부려놓았다.

수원으로 모시고 올 때만 해도 어머니는 꼭 나아서 여천 시골집으로 돌아가야겠다는 의지가 대단했다. 척추 골절쯤은 너끈히 이길 거라며, 남편과 나도 그리되시리라 믿었다.

그런데 수술을 받았지만, 상태는 더욱 악화되었다. 푸르렀던

한 생명이 고단하게 달려온 세상의 끝, 그 유한한 소실점에 선 것이다. 어머니는 늦가을 가랑잎처럼 우리 곁을 떠나려 했다.

"변소라도 내 발로 가야 헐 것인디 어쩌끄나."

어머니는 비스듬한 자세로 떨리는 밥숟갈을 힘겹게 들어 올린다. 보다 못해 숟갈을 받아 대신 떠올려 본다. 밥알 몇 개를 겨우 넘긴다. 며칠이 지나니 그마저 어려워졌다. 죽과 미음도 넘기지 못하고 입안에서 맴돈다. 짚불처럼 사위어 가는 어머니를 지켜보면서도 성한 내 입에는 불사초 같은 밥을 밀어 넣는다. 민망스러워 숟가락이 숨을 죽인다.

그렇게 누우신 지 꼭 스무 하루만이다. 어머니는 기어이 일어나지 못하고 절대자의 부르심에 순응했다. 따스하던 발과 손, 가슴이 식어간다. 싸늘해져 갔다. 이런 온기의 차이가 산 사람이 구만리장공이라고 말하는 삶과 죽음의 거리인가? 어머니의 온화한 얼굴은 전혀 주검이 아니다. 금방이라도 '애야.' 하고 부르실 듯하다. '나도 이후에 어머니처럼 고통 없는 표정으로 임종할 수 있을까?' 숨어있던 이기심이 살그머니 머리를 든다. 내일의 해와 달을 볼 수 없는 어머니 앞에서 어처구니없는 또 다른 나를 만난다.

어머니는 평소에도 요양원은 싫다고 했다. 나도 힘이 닿는 대로 시설보다는 집에서 모시리라 마음먹었다. 그러면서도 '오랜 세월 쾌차하지 못하시면 얼마나 감당할 수 있을까?' 내 안의 또 다른 나는 내가 흘려야 할 땀방울의 무게를 따져보고 있었다. 큰며느리의 표리부동한 모습을 환히 읽기라도 했을까? 자리 보존한 지 한 달도 채 안 되어 내 손을 놓고 먼 길을 떠나셨다. 감당 못할까 걱정했던 이기심이 수천, 수만 개 양심의 가시가 되어 촉수를 세운다.

어머니는 번뇌초 가지런히 벗고 오직 깔밋한 수의(壽衣) 한 벌 두른 채 구만리 길에 발걸음을 놓았다. 백발이 성성한 남편이 세상에서 마지막 부르짖는 '어매!' 그러나 목관 속에 누인 어매는 대답이 없다.

우리 인생의 마지막 길은 이렇게 단출하다. 그것을 알면서도 죽음은 짐짓 남의 일인 양 까맣게 잊고 살아간다. 어디 그뿐인가? 세상에 와서 이룬 것이 모두 제 것인 양 움켜쥐고 펼 줄을 모른다. 빈손으로 가는 생의 끝점을 마음에 두고 산다면, 못 나눌 것이 무엇이며, 화해 못 할 일이 어디에 있을까 싶다.

장례를 치르고 어머니가 평소에 아끼던 보랏빛 깨끼한복을 사른다. 하얀 연기가 어머니 뒤를 따르는 듯 파란 하늘로 나울거리며 올라간다. 그런데 마루 밑에 놓인 어머니의 나들이 신발이 눈에 들어온다. 자그마한 망사단화였다.

"아이고, 어쩌면 이렇게 내 발에 꼭 맞는 걸 샀다냐."

“여름 신발 한 켜리 살라고 했는디, 니는 내 맘을 환히 딜다본 것 같다와.”

작년 여름 이맘때였다. 어머니의 구릿빛 얼굴에는 찔레꽃 같은 웃음이 무덕무덕 피었다.

단돈 삼만 원짜리 신발 한 켤레에 그토록 흡족해하던 어머니의 음성이 자잘한 망사 틈새에서 쏟아진다.

그 신발은 어머니가 전능자 앞에 갈퀴 손을 모을 때, 교회 신발장에 다소곳이 앉아 함께 기도했다. 그리고 순천 장날에는 너나들이 친구들과 함께 장터 국숫집에 발자국을 남겼고, 어물전과 싸전 앞에도 발 도장을 찍었다.

어머니는 비설거지할 때면 그 신발을 마루 구석으로 먼저 올려놓았다. 그렇게 아끼던 신발을 구천 길에 동행하게 불살라 드릴까 했다. 그러나 어머니는 이미 고슬고슬한 삼베 꽃신을 신고 천계(天界)로 향했다. 그 길에 버거울 것만 같아서 불사르지 않고 어머니 흔적으로 마루 밑에 남겨 두었다.

먼지 부연 신발을 깨끔하게 씻어 댓돌 옆에 놓는다. 어머니가 순천 장에라도 다녀온 듯, 방금 벗어놓고 툇마루에 흔연히 올라선 것 같다. 그리고 중창 옆벽에는 매초롬한 지팡이가 걸려 있다. 나들이할 때 망사신발과 짝하여 어머니의 기역 자 허리를 지탱해주던 것이다. ‘우리 주인은 언제 오시느냐’고 물정 모르는 지팡이가 망사신발에게 소곤거리는 듯하다.

마당에 풀을 뽑다가도, 텃밭의 고추를 따다가도, 마루 밑의 망사신발로 눈이 자꾸 간다. 220밀리의 앙증스런 신발. 어머니의 쪼깐한 발을 담고 고샅길과 순천 장길을 자박자박 걸었던 단화이다. 뒷굽이 초승달처럼 닳았다. 흙에 모지라진 어머니의 두꺼운 손톱처럼.

망사신발은 우리가 수원으로 떠나면 인기척 없는 집에 혼자 남을 것이다. 빈집 마루 밑에서 기린 목이 될 것 같다. 하마 조붓한 마당에 깔린 창호지 같은 달빛으로 밤마다 그리움의 허기를 채우리라.

사립문을 닫고 돌아서는데 발길을 붙움킨다. 어머니의 체취를 함빡 담고 있는 망사신발이다.

2억 원

칠순을 앞둔 셋째 형부가 심장마비로 세상을 떠났다. 심장마비라는 놈은 그야말로 얄미운 심술꾸러기로 몰인정했다. 평생 건실하게 살아온 한 남자를 단 한나절의 말미도 주지 않고 저 세상으로 옴싹 데려갔다.

그날도 형부는 아침을 먹고, 동네 한 바퀴 돌아오겠다며 헐렁한 옷차림으로 사립문을 나섰다고 한다. 지난가을 경운기로 벼를 실어다 주었던 옆집 아지매도 들러보고, 혼자 사는 아흔 살 할머니네 장지문도 빠끔히 열어볼 심산이었다. 행여나 간밤에 떠나지나 않았을까 해서였다. 형부는 그렇게 너울 가지가 좋아서 주변에 사람들이 늘 꼬였다.

그런데 그렇게 마을을 돌던 중, 갑자기 메댕이로 맞은 듯 등에 심한 통증이 왔다는 것이다. 마냥 허방을 헤맸을 황황한 발걸음. 눈 감고도 훤하게 다니던 대추나무 가지처럼 뻗은 고샅길이 얼마나 낯설었을까. 집은 겨우 찾아왔는데 그만 토방에 풀썩 쓰러졌다는 것이다. 어쩌면 한 치 앞을 모르는 삶이 그런 것인가? 얼굴빛이 창호지 같이 된 언니와 몇 분 전에 아침 밥상을 마주했다는데….

우두망찰하던 언니는 노인정에서 면사무소 보건 요원에게 교육받은 대로 먼저 119를 불렀다. 그리고 고작 하는 일이 광주에 나가 사는 아들에게 전화하는 일밖에 없었다. 이웃들이 몰려왔지만, 인공호흡을 시킬 수 있는 사람은 아무도 없었다. 모두가 형부의 죽음 앞에서는 한날 구경꾼에 불과했던 것. 얼마나 당황했을까? 언니에게 늘 무덤덤하던 형부였지만, 그 짧은 순간에도 형부에게 잘못했던 일만 수없이 생각나더란다.

얼마 지나지 않아 구세주가 내려오듯 구급차가 집 앞에 당도했다. 하지만 실낱같은 맥박은 짚불처럼 사위어가고, 결국 형부는 구급차의 차가운 매트 위에서 이 세상을 떠나고 말았다. 언니의 손을 꼭 쥐었던 형부의 거친 손이 스르르 풀릴 때 어떠했을까? 해바라기 씨처럼 촘촘하던 인연도 죽음 앞에서는 잿더미처럼 스러지는 것. 그것이 인간사의 운명인가?

그렇게 언니는 비통한 장례를 치러야만 했다. 그리고 슬픔이 잦아들 무렵, 이런저런 유품을 정리하게 되었다. 형부가 늘 거처하던 방, 그런데 아랫목 장판이 이상하게 도도록했다. 평평해야 할 바닥이 어찌 그런가 하고 장판을 들춰보았단다. 이게 웬일인가? 누런 신문지가 방바닥을 빈틈없이 쫙 덮고 있더라는 것. 신문지를 걷어내어 보니, 만 원권 지폐가 두툼하게 깔려있더라는 것이다. 거기뿐 아니라, 그런 돈은 어두운 벽장의 틈 속에서도 나왔다고 했다.

유족들은 어안이 벙벙했다. 서로 멍하니 쳐다볼 뿐이었다. 한참 후에야 고명딸이 눈물을 훔치며 서서히 돈을 헤아리기 시작했다. 무려 2억이 넘는 큰돈이었다. 만 원짜리 돈다발 여기저기에는 푸르스름한 곰팡이도 깔려있더란다. 문맹이었던 형부는 철문 육중한 은행보다도 자신의 얄팍한 비닐 장판 밑이 더욱 미더웠던 것이다.

제대로 돈을 써보지도 못하고 차곡차곡 모으기만 했던 형부. 산 자만이 돈의 위력을 누릴 수 있는 것, 죽은 자 앞에서는 천만금의 돈도 아무런 소용이 없다는 것을 왜 몰랐을까? 집안 식구들은 횡재로 여겨야 할지, 슬픔으로 받아들여야 할지, 감을 잡지 못하고 한동안 멍한 채로 시간을 보내야만 했단다.

형부는 선대로부터 물려받은 넉넉하지 않은 땅을 가꾸며 평

범한 농사꾼으로 가풀막진 인생길을 걸어왔다. 동네에서는 구두쇠 소리를 들을 정도로 평소 검소한 생활을 해왔다. 그런 분이 장판 밑에 한두 장씩 2억을 모아왔다니 기가 찰 노릇이 아닌가? 그렇게 많은 돈을 모아 왔는데도 갑작스런 죽음 앞에서 유언 한 마디도 없었다고 했다. 언니는 흡사 신나게 소꿉놀이하던 아이가 꿈속에서 엄마 혼령에게 잠시 불려 간 것 같았으리라. 그저 꿈에서 깨어나면 오르르 현실로 돌아올 것 같은 느낌이 들었을지도 모른다.

도대체 형부는 긴 세월, 장판 밑에 차곡차곡 돈을 깔아가면서 무슨 생각을 하였을까? 일곱 명의 손자들에게 대학 학자금을 마련해주고자 했을까? 애지중지하던 고명딸에게 깔밋한 농촌 주택이라도 지어주려 했던 걸까? 아니면 평소 바가지 잘 긁어대는 언니의 생일에 깜짝 놀라게 할 심산이었는지도 모른다. 그런저런 꿈을 꾸면서 미소 지었을 형부를 상상해본다.

우리 자신들은 내일 아니, 단 1초 뒤에도 무슨 일이 일어날지 예측하지 못한다. 그러면서도 자기만의 기대 지평을 쌓고, 무한적 존재로 살아간다. 마치 형부처럼 영원히 살 것 같이 장판 밑과 벽장 속에 바벨탑을 높이 쌓으며, 신기루 같은 일생을 살아가는 것이다. 그렇다. 그 무엇을 당대에 이루지는 못 할지라도 소원을 갖고 탑(塔)과 선(善)을 쌓아가는 그 순간의 행복이 소중하다. 베르그송이 말하는 '생명적 충만함' 그 연속성, 그 영원성이 우리 인생을 지탱해가는 힘이 된다.

언니는 곰팡이가 핀 2억 원의 돈을 마당가 평상에 펼치고 한참 동안 말렸다고 했다. 그 곰팡이에 절은 돈을 말리며 언니는 무슨 생각을 했을까? 형부의 일방적인 저축(?)에 대해 원망도 했을 터이고, 억척같이 모아놓은 돈을 제대로 쓰지도 못하고 훌쩍 떠나버린 형부의 임종에 대해 연민의 정도 들었을 것이다.

"이걸 남겨 놓으려고 그리도 모질게 애꼈습디여? 이 불쌍한 양반아! 이십 리 장터 길에 국시 한 그릇도 못 사 먹고…."

문득, 어느 장날인가. 허기진 배를 달래가며 걷던 남편의 뒷모습이 떠오르며 가슴을 할퀴더란다.

언니는 아들과 함께 돈을 들고 농협으로 갔다. 창구 앞에서 언니는 형부의 분신 같은 돈을 창구에 차마 넘겨주지 못하고 한참을 서 있었다고 했다. 2억을 모으기까지 남편의 수고가 아른거려오고, 피와 땀에 젖은 소중한 돈을 언니 또한 한 푼도 쓰지 못할 것이라는 생각이 드는 등 여하튼 착잡하더라는 것이다.

흔히 돈은 버는 사람과 쓰는 사람이 따로 있다고들 말한다. 바로 형부가 두고 간 2억 원의 경우가 실감 나는 사례가 아닐까? 그 흔한 장터국시 한 그릇 사 먹지 못하고 모은 돈은 아마도 쓰는 데보다 모으는 데 더 큰 의미를 두었던 것. 돈의 가치보다는 한 닢 두 닢 쌓이는 기쁨으로 더 행복했으리라. 어쩌면 이 세상에 남아 통곡하는 언니보다 갑자기 떠난 형부가 더 행복했을지도 모른다.

장자는 일찍이 삶의 끝이 죽음이지만 죽음의 끝은 또 삶이라 했다. 바로 형부의 안타까운 죽음은 결코 끝이 아니라 또 다른 생의 시작이었을지 모른다.

멸치액젓

추자도 앞바다가 펄펄 끓는다. 수천 마리 멸치가 장작불 가마솥에서 녹아내린다. 가느다란 멸치떼는 잿빛파도가 된다. 풀어진 살점들이 뜨거운 물마루 끝에 솟았다가 솥 바닥으로 내리꽂힌다.

봄부터 미뤄왔던 젓장을 내린다. 산들바람이 불쏘시개가 되어 아궁이의 장작불이 활화산 같다.

시어머니가 정갈하게 가꾸던 장독대 맨 끝에는 항상 젓갈 항아리가 자리했다. 작년 여름 어머니가 돌아가신 후, 장독대 청소를 하다가 그 항아리를 열어보았다. 역시나 어머니의 손끝이 함께 버물어진 멸치젓이 가득 담겨있었다. 다 익은 것 같았지만 혼자서 젓장 내리는 일이 엄두가 나지 않았다. 다음 해 봄에나 내리려고 뚜껑을 덮고 말았다. 그러던 것이 봄이 지나고 여름도 지나갔다.

며칠 전 시골집에 가서는 작심하고 그 항아리를 다시 열었다. 곰삭은 멸치젓 냄새가 코를 훅 찌른다. 주걱으로 헤집어 잿빛 웃기를 젖힌다. 멸치의 형태는 있으나 흐물흐물한 분홍빛 속살이 주걱 끝에서 버그러진다. 속살이 분홍빛이 나는 것은 멸치가 잘 곰삭은 것이다. 냄새 또한 식욕을 돋운다. 사람도 잘 곰삭은 노년은 곰삭은 인정내로 그득하리라.

함지에 푹 퍼서 마당가 한데 솥에 부었다. 잘 익은 간장도 두어 바가지 떠 부었다. 한소끔 끓으면 장작불을 죽이며 서서히 더 끓인다. 액젓이 넘치지 않게 끓여야 하는 가장 긴장된 순간이다. 한 손엔 키다리 주걱을 들고, 한 손으로는 아궁이 불 조절을 한다. 내 손은 생전의 어머니 손처럼 재바르지 못하고 두 손이 자꾸 엇박자를 탄다. 아궁이에 장작 한 개비를 더 넣으면 젓국이 부르르 끓어 금방 넘칠듯하고, 한 개비를 끌어내면 끓는 것이 시원찮다. 제대로 달여질까 싶다. 멸치 젓갈과 졸이는 마음을 함께 달인다.

마침내 빽빽하던 젓갈이 누그름해진다. 항아리 안에서 보이던 멸치의 형태는 오롯이 사라졌다. 버그러지던 살점을 다 내려놓고 까끌한 가시들만 주걱 끝에 서걱거린다. 체에 밭치니 말간 액젓이 자배기에 고이기 시작한다.

매년 진달래가 흐드러지게 필 때쯤이면 여수항에서 바로 싣고 온 추자멸치 트럭이 광암마을 고샅을 순회했다. 트럭이 도착하면 마을회관 앞 사거리는 파시처럼 왁자지껄하다. 추자도 멸치는 남녘은 물론이고 전국에서 알아주는 멸치가 아닌가 싶다. 펄펄 뛰는 파란 생멸치는 잘쭉한 몸매에 살집이 오동통했다. 반짝이는 눈은 바다에서 금방 건져 올린 듯했다. 푸른 멸치는 화물칸 가장자리에 파리떼처럼 달라붙은 사람들에게 애절한 눈빛을 보냈다. 어머니는 그걸 서너 상자씩 천일염에 버무려 단지에 꾹꾹 눌러 담곤 했다. 3년은 삭아야 액젓 맛이 제대로 난다고도 했다.

어머니와 함께하던 기억을 되짚어가며 액젓을 내린다. 커다란 자배기에 어머니의 손때 묻은 쳇다리를 걸친다. 올이 밴 체를 쳇다리에 올린다. 다글다글 끓인 멸치젓을 체에 밭친다. 쳇다리의 요긴한 쓰임새가 이리도 절묘할 수 있을까? 삼발 난 나뭇가지 하나가 이렇게 맞춤으로 쓰이다니. 만물의 존재에는 의미가 있다는 말이 이해가 된다.

말간 액젓이 처마 끝 낙수 같다. 어릴 적 무명저고리 섶에 묻었던 땡감물 같은 진갈색이다. 어머니가 달이던 액젓 색깔이다.

가을 전어구이 냄새처럼 구수하다. 손가락 끝으로 찍어본다. 혀끝에 닿는 맛이 생갈치 조림 같이 쌈박하다. '그래, 이 맛이야.' 이순(耳順)에 다다라야 남도 여인이 되는 것인가? 이게 바로 남도의 맛이다. 액젓은 전라도의 밥상에서 약방의 감초처럼 쓰인다. 김장은 물론이고 갖가지 나물을 무치고, 생선 조림을 할 때도 무에 액젓으로 밑간을 하여 생선 밑에 깐다. 생멸치가 폭 삭아 숙성된 액젓 맛은 어느 장맛도 따라올 수 없다.

시댁 광암마을에서는 김장을 앞둔 늦가을이면 집마다 젓갈 달이는 냄새가 울을 넘었다. 오늘은 우리 집에서 고소한 냄새가 먼저 다무락을 넘는다. 아랫말 고샅마다 저녁 이내처럼 스민다.

어느새 체에는 액젓이 다 빠지고 까슬한 가시만 남아있다. 잔가시를 뒤적여보았다. 그런데 처음에는 보이지 않던 깨알 같은 것들이 희끗희끗 많이 섞여 있다. 설마 멸치 알집이라도 터진 것은 아닐 테지. 그것들은 멸치 알이 아니고, 석회석처럼 삭아버린 하얀 눈알들이었다. 팔팔 살았을 때 반짝이던 눈알은 어디 가고 윤기 없는 하얀 눈알이라니. 지금 제법 총기 있는 양 반짝거리는 내 눈도 생의 소실점에선 저리될 것이다.

멸치들이 거친 파도에 숨이 막힐 때는 청람빛 물결을 젖히고 간간이 별들을 우러렀을지도 모른다. 깨알 같은 하얀 눈 속에 반짝이는 잔별들에서 별 밤의 정기를 읽는다.

멸치는 비록 곰삭아 소멸되었지만, 액젓이라는 또 다른 모습으로 태어난다. 자배기에 남실거리는 말간 액젓 위에 뻐꾸기 소리 간간이 법문처럼 얹힌다. 한철 살다 가는 매미 같은 나는 그 소리에 이끌려 내 안으로 걸어 들어간다. 번뇌초 헝클어진 나와 다소곳이 손을 잡는다. 초가을 한나절 액젓 달이는 아궁이 앞에서 삭아가는 나를 만난다.

시어머니의 등

마치 구부러진 등나무 밑둥치 같다. 옴폭한 꼬리뼈 위쪽에 활처럼 휘어져 나온 시어머니의 등뼈. 쇠끝 같은 단단함이 손끝에 닿는다. 온몸이 볕에 그을렸는지 구릿빛이다.

시어머니는 여수 율촌 농가에서 혼자 생활하신다. 그래서 우리는 아이들 데리고 수원과 여수 길을 오르내린다. 벌써 스물두 해째다.

이번에는 처음으로 시어머니가 수원에서 추석을 보내시기로 하였다. 추석을 1주일 앞두고 우리 부부는 어머님을 수원으로 모셔왔다. 명절의 교통지옥에서 벗어나 보려는 마음에서였다. 아파트는 답답하고 친구도 없다며, 오지 않겠다는 분을 설득하는데 이틀 밤이나 걸렸다.

"아따, 가자. 니 소원 한 번 들어주마."

큰며느리의 권유에 결국 손을 들어주셨다. 우리가 교통체증에 또 시달릴까 봐 어렵게 양보하신 것이다. 어머님은 대답하자마자 나들이용 단화를 손수 챙겨 댓돌 위에 놓으셨다. 마음이 바뀌기 전에 실행에 옮기려는 다짐인듯하다. 동네 친구들이랑 순천 오일장에 장 보러 갈 때면 신던 신발이다. 봄에는 관광차 타고 여수 오동도 동백꽃 구경도 다녀왔던 신발이다.

멀미하실까 싶어 휴게소마다 내려서 다리쉼을 해드렸다. 그래서인지 평일인데도 수원까지 일곱 시간이나 걸렸다. 딸들의 반가운 마중에 시어머니의 주름진 얼굴이 해맑게 펴졌다. 내 욕심만 부린 것 같아 먼 길에 죄송하던 마음이 그제야 조금 가벼워졌다.

추석 다음 날이었다. 큰일을 다 치른 홀가분한 기분을 한껏 누리고 싶은 호강스런 마음이 생겼다. 피로도 풀 겸해서 시어머니에게 동네 목욕탕엘 함께 가자고 했다. 그런데 시어머니는 굳이 안 가겠다고 하셨다. 가까운 공원 산책도 마다했다. '왜 그러실까? 수원으로 오신 것을 후회하시는 걸까?' 나중에야 알았다. 시어머니는 자신의 들 볕에 그을린 구릿빛 알몸과 기역 자로 굽은 등이 싫었다. 매초롬한 도회지 여인들에게 보이기가 민망스러웠던 것이다. 괜히 내 기분에 들떠서 시어머니의 속마음을 헤아리지 못한 초로의 며느리. 아직도 한심한 철부지 며느리가 아닌가?

점심을 먹고 나서 팔을 둥둥 걷어 올렸다. 욕조에 온수를 반쯤 채웠다. 두 달 전에 낳은 첫 손녀 목욕물 받을 때처럼, 팔꿈치를 연신 물에 적셔보며 온수와 냉수를 고루 섞었다. '이쯤이면 될까?' 물의 온기가 팔꿈치에 뭉근하게 전해왔다.

"엄니, 목욕탕 가는 것이 마뜩잖으면 집에서 합시다."

"아니 너는, 괜찮당께 그러냐."

시어머니는 딸들 앞에서 만면에 발그스름한 미소를 달고 못 이긴 척 일어섰다. 내 손에 붙들려 욕실로 향하신다. 흡사 천진스런 어린아이와도 같다. 시골집에서는 볼 수 없던 어머님의 모습이다. 혼자서도 씩씩하게 잘 지내시던 연치 여든여섯 시어머니의 수줍어하는 여성스러움에 딸들은 박장대소를 했다.

50년 전, 내가 열 살 때였다. 설날을 하루 앞둔 섣달그믐날이었다. 엄마는 개구쟁이 오빠들 앞에서 앙버티는 내 손목을 바투 잡고, 송아지가 젖을 먹고 있는 외양간 까대기 안으로 향했다. 거기에는 고무 함지가 있었는데, 안개처럼 김이 오르는 물이 반쯤 담겨 있었다. 쇠죽 끓이던 가마솥에서도 물이 끓고 있었다. 아궁이에는 장작 몇 개비가 바짝 타고 있었다.

엄마는 옷을 사정없이 훌훌 벗겼다. 까대기에 얼기설기 엮어 가린 수숫대 틈새로, 비집고 들어온 송곳 바람이 살갗을 뚫었다. 엄마는 참새처럼 오들오들 떠는 나를 고무 함지 속으로 후딱 집어넣었다. 오빠들은 수숫대 사이로 까만 눈을 들이댔다. 그리고는 엄마와 나의 실랑이를 훔쳐보며 오달지게 웃어댔다.

"싫어, 오빠들 저리 가랑께!"

턱이 떨리는 추위가 엄습해왔다. 하지만 그보다도 훔쳐보는 오빠들이 있어 창피했다. 목욕을 다 할 때까지 눈물범벅이었다. 그날 죽상어 같은 내 등은 엄마의 손끝에서 한 껍질 오롯이 벗겨졌다. 지금도 그 생각을 하면 등이 화끈거리고 아리는 듯하다.

바람 든 무처럼 퍼석한 시어머니의 자그마한 몸을 붙들어 욕조에 담근다. '우두둑' 시어머니의 무릎 펴지는 소리가 명치끝을 때린다. '이렇게 작은 몸으로 여덟 남매를 키우셨다니 그 자양분은 어디에서 온 걸까?' 어쩌면 이 쭈글쭈글한 모습이 세상에서 가장 자랑스럽고 아름다운 여자의 몸매가 아닌가. 굽은 등이 부끄러워서 대중목욕탕을 안 가겠다는 시어머니. 등이 아직 꼿꼿한 며느리는 이웃집처럼 드나드는 목욕탕인데…. 지금은 비록 껍질만 남은 시어머니지만 선연하게 고운 다홍치마 시절이 있었을 것이다.

수건에 비누를 듬뿍 칠한다. 시어머니의 주름진 목부터 문지른다. 좁은 등판을 지나고, 허리쯤에서 수건이 턱 걸린다. 태백산맥 같은 등뼈가 활처럼 휘어 불거져 있다. 그 등에 아들 여섯, 딸 둘을 환한 등꽃처럼 매달고, 논밭으로 동분서주했을 시어머니의 모습이 선하게 다가온다. 그때 곤고함이 꼿꼿한 내 등으로 아프게 전해져온다. 지금도 더 주지 못해 안타까워하는 시어머니가 아닌가?

시어머니는 심하게 굽은 등 때문에 늘 반듯하게 눕지 못하신다. 그러니 모로 누워 새우잠을 주무셨다. 연세 들어서 그러려니 하고 자식들은 무심히 넘겨왔다. 시어머니는 '내 등이 이러니 병원에 한 번 데려가 다오.'라는 내색 한 번 없었다. 그런 시어머니의 웅숭깊은 마음을 어떤 모양으로 그릴 수 있을까? '무량한 사랑으로 굽어진 밑둥치가 없었다면, 그 화사한 등꽃이 어찌 만발할 수 있었을까?'

물에 젖은 북어 껍질처럼 이리저리 밀리는 시어머니의 등에 뭉근한 물을 끼얹는다.

"아이고, 시원타."

목욕을 하지 않겠다는 말은 진심이 아닌 듯. 안개처럼 피어나는 수증기 속에서 해낙낙한 시어머니의 조글조글한 얼굴이 연보랏빛 등꽃처럼 환해진다.

이번 가을걷이가 끝나면 시골집 화장실에도 아담한 욕조를 하나 놓아야겠다. 시어머니의 활 같은 등을 호젓하게 담글 수 있게.

여든일곱

어버이날을 며칠 앞두고 여천 어머님을 찾아뵈었다. 한 달 만에 뵙는 어머님은 이산가족을 만난 듯 반가워하신다. 밤새 이야기의 끈이 물레에 실을 잣듯 이어진다. 어머님이 점점 청력이 떨어지는 것 같아 안타깝다. 하지만 삼십육 년을 함께해온 터라서 표정만 보아도 서로의 마음을 다 읽을 수 있다.

'또르락 똑똑.' 함석 처마에 떨어지는 밤 빗소리가 단잠을 걷어낸다. 하늘 가득 반짝이던 초저녁의 별들은 간데없고, 희뿌연 창호지 문으로 맑은 빗소리가 스며든다. 귀가 시원하다. 수원의 아파트에서는 도저히 들을 수 없는 한밤의 멜로디다.

시골에 내려올 때마다 밤이 참 좋다. 보석처럼 뿌려져 있는 별들을 보면 머릿속은 물론 내장까지 청쾌해진다. 그리고 오늘처럼 뜬금없이 듣는 밤중의 호젓한 빗소리는 더께 낀 마음을 쇄락하게 헹궈준다.

천정에 매달려 우리 고부의 이야기를 같이 듣던 형광등은 긴 눈을 감은 지 오래다. 됫박만 한 방안은 재깍거리는 벽시계 소리로 가득하다. 시계 소리와 장지문 밖의 빗소리가 장단을 맞춘다. 듣는 이 없는 한밤중에 이중주를 하고 있다. 갑작스런 밤비를 피해 들어온 들고양이가 툇마루 밑에서 야옹거리며 한 소절을 보탠다.

어머님과 함께 보내는 이런 오붓한 날들이 얼마나 남았을까? 어머님을 띄엄띄엄 뵐 때마다 시간을 붙잡아두고 싶다. 하지만 시간은 서산 머리의 해처럼 달린다. 어머님은 여태까지 돋보기 없이도 바늘귀를 꿰었다. 이제는 눈이 흐리다며 실과 바늘을 내게 건네곤 한다. 그렇지만 어머님 가슴에는 항상 연초록 꿈이 있다. 새싹을 자식처럼 키우고 거두는 재미이다. 그래서 해마다 가을걷이가 끝나면 다음 해에 심을 종자부터 튼실한 만물로 골라 종이 봉지에 담아둔다.

"엄니는 그 많은 씨앗을 내년에 또 심을라요?"

흰머리 성성한 남편이 농담으로 어머님을 툭 건드린다.

"하먼이제. 끼니 없는 흉년에도 종자는 머릿밑에 비고 죽었다제."

"내년에도 산다면 좋은 씨앗을 땅에 또 디리고, 그 이쁜 것들을 키워서 거돠야제야."

조금은 서운할 것 같은 아들의 농담을 가볍게 받아넘기는 태평양 같은 어머님이다. 그런 어머님의 모습이 싸하다. 당신의 삶 한편, 팔을 펴면 닿을만한 곳에 죽음을 놓고도 평생 하던 대로 씨앗을 간직하는 어머님. 나라면 그렇게 할 수 있을까?

세상모르고 잠든 어머님의 얼굴이 천진스럽다. 마른 대추처럼 조글조글한 얼굴이 깻잎만 하다. 단풍 든 깻잎…. 꼭 다문 입술에서는 팔남매의 이름들이 금방이라도 줄줄이 튕겨 나올 것 같다. 어머니의 작은 키에 걸맞은 자그마한 발이 살구색 이불귀를 젖히고 올라와 있다. 작은 발이 시골 살림에 평생 얼마나 분주했을까? 구릿빛으로 그을은 작은 발.

열일곱 살에 시집올 때 쪽진 모습은 얼마나 앳되고 예뻤을까? 그때 새색시의 풋풋한 냄새가 깊은 주름 사이에 골골이 흐르고 있는 듯하다. 그때의 솜털 뽀얗던 연지곤지 볼에는 검버섯이 목단처럼 피었다. 지금은 갈퀴 손이 되었지만, 그때는 자그맣고 포동한 손이 얼마나 예뻤을까. 뽀송한 그 손으로 갖가지 십자수도 한땀 한땀 밤새워 놓았으리라.

어머님의 여든일곱. 스물일곱 해가 지나면 내 모습도 지금의 어머님처럼 되겠지. 해가 갈수록 어머님의 모습이 예사로 보이지 않는다. 그리고 언뜻언뜻 내비치는 말씀 한마디도 그냥 스쳐 가지 않는다. 어머니의 일상 속에 들어있는 진리는 무궁무진하다. 이름 모를 새들과 개구리, 그리고 텃밭의 각종 남새 등 자연 만물과도 이야기를 곧잘 하신다. 그런 어머님을 보면 사람이 곧 자연이고, 사람과 자연이 하나임을 쉽게 깨닫게 된다.

잠든 어머님의 까슬까슬한 손을 잡아본다. 온기가 뭉근하게 전해온다. 그리고 그 손은 나에게 소곤소곤 이른다.

"지금 니가 살고 있는 세월의 마디는 내가 자식들 뒷바라지에 여우 살이 시키느라고 아등바등 살았던 시절이란다. 너도 심껏 살다 보면 좋은 끝이 올 겨."

사랑하는 자에게 단잠을 주신다는 주님께서 어머님을 많이 사랑하시는가보다. 함석 처마를 두들기는 빗소리와 툇마루 밑의 들고양이 소리에도 아예 귀를 닫은 지 오래다. '곤히 잠든 시간만이라도 자녀들 걱정 다 내려놓으세요.'라는 한 마디로 늘 죄송한 마음을 대신한다.

잰걸음으로 다가오는 여든일곱의 내 나이. 깊이 잠든 어머님의 고랑진 주름 속을 들여다본다.

햇된장의 속살

연초록 햇살 아래 노란 속살이 수줍은 듯 드러난다. 구수한 냄새도 반갑다. 색깔과 냄새가 좋은 것은 된장이 잘 익었다는 얘기다.

지난 정월에 장을 담그고, 된장 뜰 날을 달력에 동그라미 쳐 놓았다. 숯덩이와 홍고추를 띄운 장 항아리는 볕 좋은 베란다에서 60여 일을 다소곳이 앉아있었다. 이쯤 되면 된장을 뜬다. 메주를 건져내고, 장은 진하게 달여서 항아리에 담고 정갈하게 망을 씌웠다. 건져낸 메주는 손이 닿자 버글버글 문드러졌다. 물컹한 메주는 치댈수록 노란 된장으로 변했다.

'올해는 어떻게 됐을까?' 몇 년째 하는 일이지만, 이 일을 하려면 메주가 속살을 스스럼없이 보여줄 때까지 마음이 설렜다. 힘껏 치대서 멍울 없는 된장을 만들어 독에 꾹꾹 눌러 담았다. 마음 항아리까지 채워진 듯 훈훈하다.

결혼 후 줄곧 20여 년이나 시어머니가 담가 주신 간장 된장을 날라다 먹기에 바빴다. 그런데 10여 년 전부터, 어머니는 잘 띄운 메주를 다섯 명의 며느리에게 나눠주었다.

"이제 너희들이 간장, 된장을 서서히 담가 보아라."

팔순의 어머니 눈에는 서글픈 빛이 건듯 지나갔다. '된장 담그는 방법을 며느리들에게 가르쳐주고, 당신은 먼 길 떠날 준비를 하시는가요?' 며느리들의 가슴에 같은 울림으로 다가왔는지 동시에 눈들을 마주쳤다.

"아니에요. 어머니가 해주시는 된장을 더 먹고 싶어요."

애굣덩어리 넷째 동서가 응석을 부려본다. 희미하게 미소 짓는 어머니….

자식들 밥상의 근간이 되는 간장, 된장만큼은 우리 것으로 해주겠다며, 메주는 항상 우리 콩을 사용했다. 손수 씨를 뿌려 수확한 우리 밭의 콩으로 메주를 쑤었다. 콩 한 가마니를 수확하려면, 어머니는 봄부터 가을까지 사래 긴 콩밭에서 거의 살았다. 어머니의 기역 자로 굽은 허리에 호미를 든 손은 순천만(順天灣) 갯벌의 저어새 같았다. 어머니는 뻐꾸기 소리와 하늘을 긋는 천둥 번개와 함께 손끝에서 자란 튼실한 콩대를 대견스러워했다. 칠남매 자식을 대하듯이.

콩대는 하늬바람이 마을 앞 갯고랑을 건너올 때쯤이면, 콩꼬투리를 주렁주렁 들쳐업었다. 흡사 9남매를 낳은 우리 동네 풍년떡집의 아주머니처럼. 건들마(남쪽에서 불어오는 초가을의 시원한 건들바람)에 볼록해진 꼬투리는 만삭된 새댁의 태아 같았다. 꽉 찬 알맹이가 꼬투리 속에서 톡톡 발길질을 했다. 거둘 때가 된 것이다.

수레에 실려 온 콩대는 영근 꼬투리를 안고, 업고, 무거운 몸을 마당에 벌러덩 눕혔다. 서른다섯에 막내를 가졌던 내 모습 같았다. 마당 가득 펼쳐진 햇발에 잠겨 꼬투리가 버석거리면, 어머니는 도리깨를 들고 덤벼들었다. 그리고 그토록 사랑을 먹여서 기른 콩대들을 사정없이 두들겨 팼다. 갑작스런 매질에 꼬투리 속의 콩알들은 이리저리 황급히 튀어 달아났다. 마루 밑 틈새로 잽싸게 콩알만 한 콩 몸을 숨기는 놈도 있었다. 이들은 여기서부터 가마솥 팀과 길이 갈렸다. 이듬해 봄까지 그 틈새에 숨었다가 눈치 없이 싹을 틔우기도 했다. 그러나 저희들만 살겠다고 팀에서 이탈했던 이들의 싹 틔우기는 말짱 헛수고였다. 햇살 한 모금 마실 수 없는 마루 밑에서 틔운 싹은, 실오라기 같은 허연 줄기를 가누지 못하고, 거미줄에 기대어 숨을 거두었다.

도리깨 매질로 엉겁결에 알몸으로 멍석에 나앉은 콩알군단은 예쁘게 씻기고, 가마솥에서 한해살이를 마감했다. 장작불에 삶아서 으깨지고 다져진 콩들은 곰팡이의 천국이 될 메주라는 이름으로 태어났다.

"못생긴 사람의 얼굴을 누가 메주 같다고 했을끄나, 잉?"

어머니는 나무 주걱으로 메주를 요리조리 다지며 치사를 쏟아놓았다.

"죽은 데 없이 잘생긴 우리 아들들의 두상(頭狀)같이 이쁘기만 하구먼."

흐뭇해하는 어머니의 표정이, 흡사 두루뭉술한 메줏덩이 같았다.

잘 띄운 메주는 목욕재계하고, 진한 소금물에 가부좌를 틀고 진득하게 60여 일이나 도를 닦았다. 죄 없이 도리깨에 맞고, 가마솥에 삶아 으깨지던 콩들의 분노를 삭이며, 태평양 같은 용서의 마음을 키워왔다.

햇된장은 만물의 영장이라고 으스대는 우리에게 삭인 몸까지도 내어주기 위해서 마지막 숨을 고르고 있다.

대상포진

시어머니가 3년 전 대상포진에 걸려 많이 고생했다. 그러나 강한 집념으로 고비를 잘 넘겼다. 올해 여든넷이지만 기억력도 좋으시다. 평생을 흙과 벗하여 살아오셨기 때문이리라.

치료차 수원으로 오신 어머님은 지금, 17층 아파트에 누워있지만, 시골집 텃밭 생각을 잠시도 놓지 못한다. 싹 난 씨감자를 밭에 심어야 하고, 상추, 시금치 씨앗도 때맞춰 뿌려야 한다고 초조해하신다. 그 모습이 흡사 물을 떠난 물고기 같다.

텃밭을 가꿀 때 어머니의 손길은 언제나 생기가 넘쳤다. 그 손길이 흙을 만나면, 말간 도랑물 속의 버들붕어 지느러미처럼 민첩했다. 그래서 햇살 도타운 텃밭에는 사계절 각종 푸성

귀가 흐드러지게 깔려있었다. 싱싱한 풋고추가 조랑조랑 달리는가 하면, 어느새 향기 진한 깻잎과 쑥갓, 달큼한 시금치가 서로 자리를 다투며 돋았다. 그중에도 포동하게 동이 오른 봄동겉절이는 어머니 손맛의 대표주자였다.

깊어가는 겨울, 싸락눈 흩뿌릴 때면 시래깃국 냄비가 앞집 광양댁네 돌담을 넘나들었다. 어머니는 언제나 색다른 음식이 있으면 자신의 입에 넣기보다는 남의 입에 넣기를 더 즐겨했다. 흔한 시래깃국이 어찌 색다를까마는 국물도 없이 혼자 찬밥을 먹고 있을 친구가 생각나면 숟가락을 들다 말고 국 배달을 했다.

여수시 율촌면 광암마을은 산이 산을 업고 있는 해변 산촌마을이다. 산자락 끝에는 남해의 여자만(灣)을 바라보고 50여 호가 옹기종기 앉아있다. 마을 입구에는 백여 년 된 느티나무가 서 있다. 그 느티나무는 드나드는 사람들에게 아파트 경비 아저씨처럼 나붓나붓 절을 하고 서 있는 모양새다. 그 나무 아래에는 청상과부로 종갓집 가문을 지켰던 한 여인의 열녀비가 있는데 옴막한 동네 품에 안겨 한을 풀어낸다.

바다 끝에는 주황 물감을 풀은 듯한 노을이, 객지 생활에서 찌든 자식들의 마음을 어루만져 주는 듯하다. 산에서 내려온 먹물 같은 어둠이 짙게 깔리면 수천수만의 별꽃들이 화르르 쏟아지는 마을. 어머니는 열일곱 살에 시집온 후 67년을 줄곧 그곳에서 사셨다. 마을 한가운데에는 노인정이 있다. 그곳은 평균 연령 80세인 어르신들이 외로움을 서로 나누는 보금자리이다.

북적대던 자녀들은 모두가 둥지를 떠난 지 오래다. 어르신들은 가뭄에 콩 나듯이 가끔씩 얼굴을 들이미는 자녀들 기다리는 일도 이제는 면역이 생겼다. 아침과 저녁에 밤새 안부를 물으며 노인정으로 모여드는 수십 년 지기(知己)들이 자식보다 훨씬 나은 것이다. 사랑과 신뢰로 도타워진 허물없는 이웃사촌들이다. 편찮으실 땐 서로가 도우미가 되어 돌본다. 그래서 도움이 될 때도 있지만, 그렇지 못할 때도 가끔 있다. 우리 어머니의 상황이 그런 경우다.

시어머니가 대상포진에 걸렸을 때의 일이다. 발진이 돋고 수포가 생기기 전에 병원 치료를 받았으면 간단히 치료가 될 수 있는 피부병이었다. 어머니는 마을에 구전되어 오는 민간요법에 따라 수포가 생긴 환부에 부추를 짓찧어 붙였던 것.

결국엔 꽈리 같은 수포가 터지고, 환부는 벌겋게 덧이 나서 엉망진창이 되어버렸다. 아프리카 오지에서나 일어날 일이 어머니에게 일어난 것이다. 더구나 목 부위에 생긴 물집들이 얼굴과 머리 부분까지 번져서, 호미로 막을 것을 가래로 막아도 어렵게 되었다. 객지에서 부랴부랴 모여든 자식들이 화급함을 알고 어머니를 병원으로 모셨다. 이 일로 어머니의 84년 이력서에 입원이라는 경력이 처음 올라가게 되었다.

통증이 너무 심해서 신음 소리가 자녀들의 가슴을 쥐어뜯었다. 대상포진의 통증은 산고(産苦)의 몇십 배나 된다고 한다. 자주 찾아뵙지 못했던 자책감도 들어 우리들은 밤새 안전부절하지 못했다. 그저 우리들은 귀로만 그 극심한 통증에 동참할 수 있을 뿐, 도와드릴 아무런 방도가 없었다. 그저 어머니의 갈퀴 같은 손을 붙들고 애처로운 마음으로 위로하고 또 위로했다.

낫고자 하는 어머니의 의지가 병아리 눈물만큼씩 차도를 보아 30여 일 만에 퇴원하게 되었다. 초기 치료시기를 놓쳤기에 심한 후유증으로 만성 신경통이 있을 것이라는 무거운 결과를 안은 채였다.

어머니의 어려운 과정을 겪으면서 요양보호사교육에 관심을 갖게 되었다. 용기를 내어 6주 과정을 갈급한 마음으로 이수했다. 간병은 의무적인 도움만으로는 언제나 부족한 것이다. 진정한 사랑이 담긴 나이팅게일의 정신이 필요함을 배울 수 있었다.

사회가 산업화되고 가정이 핵가족화된 후에 홀로 남게 된 어르신들이 점점 많아지고 있다. 더불어 영양과 건강문제가 점점 심각한 상태에 이르고 있다. 특히, 대상포진은 영양이 부족하거나 기운이 고갈될 때 찾아오는 불청객이다. 20여 년간 홀로 시골집을 지켜 온 어머니에게 대상포진이라는 질병은 어쩌면 예정된 수순이었는지 모른다.

"괜찮다. 나는 괜찮다. 너희들 다 잘 있지?"

수화기 너머 어머니의 씩씩한 음성만 듣고 그저 안이하게 생각했던 자식들이었다. 이제야 어머니의 통증이 나의 통증으로 가슴 밑바닥을 훑는다.

퇴원 후 염려했던 대상포진 후유증인 만성 신경통으로 다시 힘들어하셨다. 고향 동네가 더 좋다는 어머니를 설득하여 수원으로 모셨다. 처음에는 오시는 걸 거절했다. 그러나 곧장 자식의 입장을 생각한 듯, 쾌히 승낙했다.

생각해보니 시골집이 더 편하다는 어머니 중심이 아니라, 시골까지 오르내리기 힘든 내 사정에 맞춰서 또 억지를 부렸다. 그동안 직장에 다닌다는 미명으로 또 넷이나 되는 딸 키운다는 핑계로, '어머니는 시골을 더 좋다하신다'며 스스로 얼마나 합리화시켰던가?

어머니는 흔들리는 무궁화호 창가에 머리를 기대고 살포시 잠들었다. 무표정한 모습으로.

'괜찮다. 나는 괜찮다. 어쩌든지 너희들 잘 살아야 한다.'라고 끄떡끄떡 화답하는 듯하다.

6·25와 일제가 휘몰아치던 시절, 모진 가난 속에서도 일곱 자녀를 잘 키우신 어머니다. 그러나 지금 그 일곱 자녀는 어머니 한 분도 잘 모시지 못한다. 햇빛 사위어가는 차창에 달라붙은 진눈깨비가 우리 고부를 향해 하르르 한숨을 토한다.

순천 역사의 에스컬레이터를 오를 때 보니 어머니의 다리가 몹시 후들거렸다.

"하나, 두울, 셋."

구령을 붙이니 떨리는 발을 겨우 옮기신다. 기역 자로 굽은 허리 곧추세우며 해맑게 웃는 모습. 흡사 어머니의 손녀들이 걸음마 배울 때와 같다. '나도 잘 걷지?' 하는 모습이다. 사람은 나이 들수록 어린아이로 되돌아간다는 말이 실감 난다.

어머니는 통증이 좀 나으면서 자꾸만 거실 창가로 가셨다. '씨감자를 묻고, 씨고구마도 묻어야 하는데' 하며 중얼거리셨다. 어머니의 마음이 벌써 광암마을 위를 날아다니고 있다. 보다 못해 시골동네 가장 친하게 지내셨던 어머니 친구와 전화를 연결해드렸다.

"여보시오. 조산떡인가? 나가 몸이 안직 안 나사서 얼렁 못 내래 가겄네. 긍께 뜰방 위에 있는 씨감자를 터에 몇 고랑 묻어줄랑가?"

"응. 그리혀줄팅께, 꺽정 허덜 말고 몸 다 나스면 가뿐허게 내래오소."

너울 가지 좋은 우리 어머니, 이웃사촌을 통하여 천 리 밖에서 씨감자 한 자루를 너끈히 심는다. 언제나 강인하고 씩씩하게 사셨기에 이번 대상포진 후유증도 거뜬히 이겨내리라 믿는다.

어머니의 손맷돌

'맷돌식당'에서 해물빈대떡 한쪽을 집는다. 녹두를 직접 맷돌에 갈아 만든 빈대떡이다. 순간 자그마한 손맷돌이 젓가락에 덜컥 잡힌다. 36년 전, 시집온 지 얼마 안 되어 처음 만났던 녀석이다.

작년 여름, 시골집에서 시어머니의 유품을 정리하다가 까맣게 잊고 있던 그 맷돌이 눈에 띄었다. 직경이 한 자쯤 될까? 그것은 눈길이 닿지 않는 헛간 구석에서 세월을 물고 엎드려 있었다. 손잡이는 닳아서 시늉만 하고 있다. 그러나 위짝과 아래짝이 그대로 있는 것은, 두 짝 사이의 중심에 강철로 된 어처구니가 단단히 박혀 있기 때문인 듯했다.

시어머니는 명절이나 대사 때면 맷돌에 콩을 갈아서 손두부를 만들곤 했다. 녀석을 처음 보던 때였다. 맷돌이 작아서 나도 돌릴 수 있으려니 하고 팔을 걷었다. 그러나 맷돌은 꿈쩍도 하지 않았다. '아서라, 해본 사람이나 하는 것이지.' 시어머니는 어설픈 나를 밀어냈다. 그런데 어머니 손에 붙들린 맷돌은 흡사 어머니와 한 몸처럼 가볍게 잘 돌아갔다. 열일곱 살에 시집오셨던 시어머니와 맷돌은 그렇게 하나 되기 위해 얼마나 많은 밤을 지새웠을까?

시어머니는 메주콩을 푹 불려서 한 줌씩 집어넣으며 맷돌을 돌렸다. 그러면 위짝과 아래짝의 틈을 비집고 우윳빛 콩물이 주르르 쏟아졌다. 그때 손맷돌은 함지에 걸쳐 있는데, 맞춤한 쳇다리 위의 모습이 돌배기 손녀 같았다. 콩물을 가마솥에 붓고 간수를 넣어 끓이면 야들야들하고 고소한 손두부가 된다. 되직한 두부를 두부판에 퍼내고 난 뒤, 솥바닥을 달챙이 놋숟가락으로 긁어낸다. 그러면 두부 누룽지가 나오는데 그 맛은 기가 막힌다. 마냥 먹어도 질리지 않는다.

손맷돌은 시아버지가 생전에 화강석을 정으로 쪼아서 만들었다. 시댁 광암(廣岩)마을은 병풍처럼 둘러싼 산이 있고, 여기저기 넓은 바위가 많다. 동네는 바다를 바라보며 옴막하게 들어앉아 있다. 마을 이름처럼 산에는 너른 바위가 많이 있다. 그래서 동네 이름을 '넓바구'라고도 한다. 시아버지는 필시 그 넓바구에서 떨어져 나온 작은 바구를 주워다 앙증스런 손맷돌로 다듬었을 것이다. 그래서 맷돌에 귀를 대면, 큰골 작은골 산자락의 향긋한 솔바람과 멧새들의 울음소리가 들리는 듯하다. 이슬머금은 떡갈나무 잎 사이로 들리던 뻐꾸기 소리조차도….

맷돌 위에 소복이 쌓인 먼지를 털어낸다. 손잡이가 닳아 부러지고 없지만, 맷돌의 형체는 잘 지니고 있다. 이끼가 세월의 흔적처럼 우둘투둘한 정 자국마다 파랗게 고여 있다. 이끼 속에는 시어머니의 숨결도 자분자분 누워있는 듯하다.

물과 함께 콩을 한 줌씩 쓸어 넣으면 맷돌에 갈려 뽀얀 콩물이 나온다. 우윳빛이 도는 콩물은 그 밤에 가마솥에서 하얗고 낭창한 두부로 환생한다.

맷돌은 시어머니 같다. 시어머니는 개성이 제각각인 팔남매 자식들을 배고픈 시절에도 영축 없이 길러 냈다. 비록 배곯으며 키운 자식들일지라도 선친의 유산을 놓고 형제간에 언성 높이는 일도 없었다. 얼음장 같은 법정에 서는 일은 더더구나 없었다.

그런데 오늘날 의식주는 얼마나 풍요로운가? 내로라하는 세계적인 재벌가에서 형제간에 불꽃 튀는 재산 다툼으로 재판까지 하는 경우를 종종 본다. 배부른 세상에서 유산 싸움으로 혈연을 몰강스럽게 잘라내고 있는 것이다. 그런 뉴스를 볼 때마다 세태 탓으로만 돌리기엔 어쩐지 마음이 언짢다.

세상의 지식과 욕망으로 풀을 먹인 빳빳한 자아 때문은 아닐까? 그 자아가 맷돌 같은 어머니의 뜻을 거스르며 갈아지지 않은 탓이리라. 제 잘난 양으로 우쭐대는 교만한 옹이가 심장을 뚫고 자리를 잡아버린 인생들. 그 옹이는 자그마한 손맷돌이 아니라, 연자맷돌에 넣어서라도 갈아져야 할 일이다.

어릴 적, 아롱이자롱이 육남매와 함께 한창 자랄 때였다. 병아리들이 실지렁이 한 마리 앞에 놓고도 서로 아옹다옹할 때가 많았다. 먹을거리가 흔치 않던 그 시절, 우리는 병아리들처럼 입부리를 치켜세우곤 했다. 그럴 때면 친정어머니는 부지깽이를 들고 나와 철부지인 우리에게 늘 명언을 퍼부었다. '제발 좀 서로 덜어주고, 가시 돋친 말은 낼름 뱉지 말아라.' 하곤 했다. 내뱉기 전에 맷돌 같은 어금니 사이에 넣고 지그시 물어보라는 뜻이었을 게다.

맷돌 같은 어금니에 물린 가시 돋친 말 송아리. 어금니 사이에서 식식거리며 후끈한 분기(憤氣)와 드잡이를 얼마나 했던가? 그러나 그것은 한순간 지나면 아궁이 속의 타버리는 땔감에 불과하지 않던가? 그저 소리도 연기도 없이 불꽃 속으로 사그라지는 맹감넝쿨…. 그렇게 육남매는 부리를 세우던 병아리들처럼 금시 어우러지곤 했다.

맷돌은 어디로 튈지 모르는 낱알들을 품속으로 거둬들인다. 그러면서 몽글디몽근 속살로 변화시킨다. 그리고 본래의 낱알과는 전혀 다른 하얗고 야들야들한 두부나, 또 다른 묵을 만들어낸다. 자그마한 손맷돌이야말로 미다스가 아닌가?

사람이 만물의 영장이라고 한다. 하지만 낳아서 그대로 방치하면 마소와 무에 다를 수 있겠는가? 우리는 한둘뿐인 금쪽같은 자녀일지라도 그들에게 맷돌 같은 미다스가 되어줄 순 없을까?

맷돌식당의 즉석 빈대떡같이 맛난 세상을 향해서 씩씩하게 돌아가고파 한다. 어머니의 이끼 낀 자그마한 손맷돌이.

4장

유년기의 울타리

알배기

35년 전, 친정집 외양간에는 동부레기 한 마리가 애타게 어미를 찾고 있었다. 기척 없는 어미를 며칠째 부르며 여물도 잘 먹지 않았다. 그 송아지는 보증 빚에 쪼들리던 한 젊은이로 인해 갑자기 어미 소와 생이별을 해야 했다.

친정아버지는 외양간의 소를 늘 분신처럼 여겼다. 가족들은 그런 소를 누렁이라고 이름을 붙였다. 함께 살던 누렁이는 어느 날 낯선 이에게 고삐를 잡혀 생이별해야 했다. 수북이 쌓인 빚더미를 깔밋하게 치워주기 위해서였다. 우리 곁을 떠나기 싫었는지 누렁이는 외양간 문턱에 네 발로 악착같이 앙버티었다.

그 누렁이는 배냇소로 처음 친정아버지와 연을 맺었다. 그렇게 성장하여 황소가 되도록 한 식구로 살았다. 그런 소를 팔고 아버지는 며칠 동안 휑한 외양간 문전을 서성거렸다. 사운거리는 대발 바람만 텅 빈 외양간을 드난살이처럼 들락거렸다. 식어버린 쇠죽 솥 앞에 우두커니 서 있는 아버지는 어미 찾는 송아지보다 더 질정 없어 보였다.

'새 주인이 끓여주는 쇠죽에 입맛은 붙었을까?', '날이 추운데 어치는 잘 입혔을까?' 아버지는 팔려간 누렁이의 그림자를 쫓는 듯 잠 못 이루셨다. 누렁이도 낯선 외양간에서 아버지를 생각하며 큰 눈을 껌벅이고 있었으리라.

그 무렵 나는 결혼 날짜를 석 달 앞두고, 다니던 회사를 그만두었다. 퇴직금은 혼수 비용으로 쓰지 않기로 마음먹고, 시집살이 비자금으로 남겨 둘 참이었다. 그런데 알량한 내 욕심과 소 한 마리가 저금통장을 두고 저울질했다. 욕심을 접고 결국 통장을 깨버렸다. 그리고서 아버지에게 팔아버린 누렁이처럼 실팍한 소 한 마리를 사자고 말씀드렸다.

처음에 아버지는 아서라며 만류했다. 얼마 가지 않아 손을 접고, 소를 키우겠다며 함평 우시장으로 향했다. 천 근 같던 내 마음은 깃털이 되어 가벼운 발걸음을 만들었다. 아버지는 토실토실하고 듬직한 소의 고삐를 붙잡고 해거름쯤에야 돌아오셨다. 함평 장에서 소를 앞세우고 40리길 걸어오신 아버지.

아버지의 발걸음은 힘이 넘치셨다. 해낙낙한 아버지의 얼굴은 얼비치는 노을 탓만은 아니었다.

휑하던 외양간이 부산해졌다. 아궁이에선 잉걸불이 바알간 꽃눈으로 피어났다. 불갑사의 풍경소리 같은 워낭소리가 밤새도록 귀를 씻어주었다. 작두에 여물을 써는 아버지의 재바른 손길에서는 다시 풀빛 생기가 돌았다.

그렇게 한 달쯤 되었을까? 아버지는 소가 아무래도 홀몸이 아닌 것 같다고 했다. 소는 태중에 새끼를 품고 우리 집으로 왔던 것이다. 아마도 전 주인은 이런 사실을 몰랐을 것이다. 소를 많이 키워 본 아버지도 이런 일은 처음이라 했다. 소를 파는 전 주인이 몰랐는데 새 주인인 아버지도 당연히 모를 수밖에. 큰 소 한 마리에 송아지 한 마리가 덤으로 딸려 온 것이다. 알배기로….

이웃들은 나에게 시집가면 복을 누리며 잘 살 징조라며 덕담을 해주었다. '복은 아무리 들어도 공해가 아니며 아무리 지녀도 무겁지 않다.'라고 했던가. 그런데 소를 한 마리씩이나 덤으로 가져도 될까 하는 양심이 마음 한구석을 찔렀다. 그랬지만 파는 자와 사는 자가 다 모르고 일어난 일인데 어찌할꼬. 꺼림칙한 마음을 애써 걷어냈다. 소는 내 양심의 소리를 알고 있으리라. 양심과 욕망의 갈등에서 내 안의 또 다른 속물적 근성이 나를 자위하게 만들었다.

그 후, 소는 280여 일의 임신기간을 거쳐오면서 만삭이 되어 갔다. 아버지는 사람이나 소나 마찬가지인데 얼마나 힘들겠냐며, 마지막 한 달은 쟁기질도 하지 못하게 배려했다. 그저 아침 저녁 쇠죽에 겨를 듬뿍 넣고 메주콩도 아낌없이 넣었다. 아버지의 자식 사랑 못지않은 소 사랑에 배가 남산만 한 소는 큰 눈을 껌벅이며 감사하는 듯했다.

이듬해 봄. 친정에 갔을 때였다. 꽃사슴만 한 송아지가 어미소 젖가슴을 쿡쿡 치받으며 젖을 빨고 있었다. 태중에 새끼를 몰래 품고 온 복둥이가 송아지를 순산했던 것이다. 코뚜레도 없는 몽실몽실한 송아지. 짚으로 땋아서 둘러 준 송아지의 목도리는 조카의 목에서 잘랑거리는 백일 목걸이 같았다. 어미소는 젖 먹는 송아지를 머리부터 꼬리까지 연신 핥아주었다. 흡사 조카에게 새참 젖을 먹이는 새언니처럼….

친정에 머무르는 며칠 동안 외양간에서 소 모자와 거의 함께 지냈다. 쇠죽을 끓여주고, 얼레빗으로 소의 등을 긁어주고 괴롭히는 쇠파리를 잡아주고…. 어미 소나 새끼 소 모두 금방 나와 친해졌다. 내가 외양간 앞으로 가면 벌써 자두 알 같은 큰 눈을 굴리며 '음~'하고 다가와 머리를 디밀었다. 우리는 무언의 접촉으로 인간들의 매초롬한 언어보다 더 진하게 소통했다.

친정에 다시 갔을 때였다. 먼저 외양간을 가보니 미끈하게 달라진 송아지가 연거푸 엄마를 부르고 있었다. 열 길 물속은 알아도 한 길 사람 속은 알 수 없는 것이라고 했던가. 잘못된 빚보증에 시달리던 둘째 오빠가 함평 장날, 어미 소를 끌고 우시장으로 갔다는 것이다. 그날 외양간에 어둠이 차도록 끝내 어미 소는 돌아오지 않았다. 갑자기 어미 소와 생이별한 동부레기. 어미 소의 워낭소리는 간데없고, 어린 것의 처절한 울음소리만 밤새도록 맴돌았을 것이다.

세월이 뭉텅 흘러갔다. 자두알 같은 눈망울에 어미 소를 담고 시울이 흥건하던 송아지를 잊을 수가 없다. 내공 없이 얻은 것은 쉬이 날개를 단다고 했는가? 그렇다. 처음부터 한 마리의 소는 내 것이 아니었던 것이다.

짝꿍

이태 전, 친정아버지의 파젯날이었다. 나선 김에 성묘도 하고 고향 초등학교도 들렀다. 나는 함평군에 있는 해보초등학교 출신. 학교로 가다가 우연히 6학년 때 짝꿍의 부음을 들었다. 연둣빛 같은 나이에 세상을 떠났다는 짝꿍의 소식이었다.

섣달의 눈발은 며칠째 그칠 줄 모르고 쏟아졌다. 광주에서 함평으로 가는 버스는 달뜬 마음을 싣고 은빛 설원을 달려갔다. 마치 48년 전의 열두 살 소녀가 된 듯했다. 사람의 나이는 생각 속에 있는 것 같다. 한 움큼 숫자가 뭉텅 빠질 수도, 더해질 수도 있는 것. 오늘 내가 그러했다.

어릴 때 살던 마을에서 학교까지는 걸어서 한 시간 남짓 걸렸다. 동네를 벗어나면, 실뱀 같은 논길이 반겼다. 그 논길 끝의 봇도랑을 건너면 뿌연 신작로가 가로막았다. 지금은 매끈하게 포장이 되어있지만, 그 당시는 자갈과 먼지투성이였다. 등뼈 같은 신작로는 조롱박 같은 마을들로 향하는 길들을 갈비처럼 달고 끝없이 이어졌다.

학교 가는 길목에 있던 장터는 하굣길 조무래기들의 마음을 설레게 했다. 놀이공원도, 볼거리도 없던 그 시절에 오일장 구경하는 재미는 참 오달졌다. 장날이 5일이 아니라 이틀 만에 돌아왔으면 싶었다.

우시장 옆 공터에서 벌어지는 서커스를 볼 때면 손에 땀을 쥘 정도로 재미있었다. 서커스단 소녀는 다람쥐처럼 고공줄타기도 하고, 나비처럼 사뿐히 날아 장대 끝에 서기도 했다. 어릴 때부터 고아들을 데려다가 끼니를 굶기며 극심한 훈련을 시킨다는 풍문에 마음이 찡했다. 탄성을 지르며 서커스를 보고 있는 우리들과 소녀는 같은 또래 아이들이다. 한참 부모님 사랑받으며 학교에 다닐 아이들인데, 하지만 스릴이 넘쳤다.

어느새 장터 사거리, '김 약국' 앞까지 왔다. 수십 년이 흘렀는데도 김 약국이라는 간판은 그대로 있다. 덩실하게 걸려있는 김 약국의 간판 위로 한 얼굴이 다가왔다. 그 집 아들은 J.K, 공부벌레라는 별명을 가졌던 아이이다. 그 애는 항상 얼굴이 창백했다. 흡사 그늘에 돋아난 상추이파리 같았다. 몸은 깡말랐고 무언가를 항상 생각하는 눈빛이 인상 깊었다.

약국 앞에서 한참을 서성거렸다. 45년 전의 그 얼굴이 거기 있을 리 없지만, 열릴 듯 닫힌 문으로 그 아이가 얼굴을 내밀 것 같았다. 어떻게 변했을까? 용기를 내어 문을 열고 들어갔다. 하얀 가운을 입은 중년 여자가 밝게 맞았다. 오랜만에 고향에 왔다가 간판을 보고 들어왔다고 말했다. 그리고서 혹시 J.K라는 사람을 아느냐고 물었다. 그녀는 놀란 듯 나를 빤히 쳐다보았다. 잠시 후, 그분은 자신의 삼촌인데, 오래전 그가 중학교 3학년 때 폐결핵으로 세상을 떠났다고 했다. '이럴 수가….' 그렇게 일찍 천계(天界)로 가다니. 요즈음은 폐결핵이 병도 아니지만, 70년대의 결핵은 걸렸다 하면 치명적이었다.

약국 문을 뒤로했다. 창호지 같던 그 얼굴이 사거리 저 끝에서 뭐라 말을 걸어오는 것 같았다. 그날 길을 걸으며 '~구나'라는 어미를 수없이 되뇌었다. 체육 시간이면 함께 뛰지 못하고 플라타너스 아래 하염없이 앉아있던 그 아이. '아, 그래서 그랬구나.' 소풍 갈 때면 선생님이 자주 챙겨서 옆에 걷던 일. '그때도 그랬구나.' 철없는 우리들은 공부 잘하는 그를 선생님이 편애한다고 조잘대었는데. 어린 나이에 병마와 싸우고 있는 줄 누가 알았겠는가?

무심결에 내뱉은 말이 이웃에게 큰 아픔을 줄 때가 있다. 사금파리 같은 말 한마디로 얼마나 많은 사람들에게 마음의 상처를 주고 있는가? 약국 앞에서 좀처럼 발이 떨어지지 않았다.

오랜만에 걷는 학교 길. 함박눈 속으로 그 옛날의 교실이 떠올랐다. 그때는 투박하고 긴 책걸상에 두 사람씩 앉아 사용했다. 짓궂은 남자애들은 책상 한가운데에 철책선 같은 금을 그었다. 마치 눈을 부릅뜨고 38선을 지키는 것처럼. 자칫 연필이라도 굴러서 금을 넘으면 사정없이 밀어버렸다. 책상은 그렇다고 치고, 긴 의자는 앞뒤로 밀고 당길 때 둘이 함께 일어서고 앉아야 했다. 그런 불편함 때문에 짝꿍끼리 다툼도 많이 했다. 그런데 내 짝꿍은 책상에 삼엄한 금을 긋지 않았다. 오히려 내게 더 양보했던 것 같다. 그뿐 아니다. 그때는 학용품이 무척 귀했다. 짝꿍은 잘 깎은 연필 한 자루를 내 필통에 넣어주기도 했다.

우시장 앞을 지나 학교에 당도했다. 교문 양쪽으로 도열하여 반기던 왕벚나무는 흔적이 없다. 그때는 없던 철문이 육중하게 버티고 있을 뿐이었다. 철문을 삐죽이 열었다. 예전에는 바다 같던 운동장이 지금 보니 동네 놀이터마냥 작아 보였다. 운동장 가운데 섰던 플라타너스는 서너 명이 팔을 벌려야 손이 닿았고, 나무 정수리에 앉은 까치는 하늘 끝에 아스라했는데….

그런데 웬 낯선 고목이 내 앞에 엉거주춤 버티고 서 있다. 윗동은 다 베어지고 몸통과 밑동만 남아있다. 그나마 몸통 움푹한 곳은 시멘트로 채워져 있다. 세상 놀이터에서 지쳐 엄마 품을 찾듯 달려오는 졸업생들을 위해서일까? 운동장을 본래 모습으로 지켜주려는 선생님들의 정성이 읽혀졌다. 상이군인 같은 플라타너스의 몸통을 살며시 안아보고, 눈을 감고 귀를 대어보았다. 우레 같은 함성이 들려오고, 출발을 알리는 화약 총소리며, 청백 계주자들의 말발굽 같은 발소리도 들려온다. 게다가 만국기를 물어뜯는 가을바람 소리까지, 아스라한 시공을 넘어서 귓전에 울린다.

교사(校舍)는 거의 새 건물로 바뀌었다. 그런데 이게 웬일인가? 6학년 때 공부하던 두 칸짜리 슬라브 단층 건물이 여태까지 그 자리에 앉아있다. 나를 기다린 걸까? 외벽을 와락 안아보았다. 창 너머로 교실을 들여다보기도 했다. 지금은 과학실로 사용하는 듯 실험기구들이 올망졸망 진열되어 있다. 창문 안으로 70여 명 급우들의 얼굴이 흑백 스크린처럼 떠오르고 짝꿍의 허연 얼굴이 그 속에 있다. 짝꿍과 내가 앉았던 자리. 앞에서 세 번째였던 것 같다. 쉬는 시간에도 공부만 하던 아이. 항상 말이 없고 극성스런 친구들도 옆에 꼬이지 않던 내 짝꿍.

오보록이 돋아나던 콩나물 교실 앞에 짝꿍의 허상과 마주하고 서 있다.

태 몽

"엄마, 여기가 왜 이래요?"

목욕탕에서 등을 밀어주다가 둘째 딸이 묻는다. 화들짝 놀란 기색이 역력하다. 딸은 내 등에 인두 자국처럼 새겨져 있는 깻잎만 한 흉터를 본 것이다. 나도 거울이 아니면 전혀 볼 수 없기에 내게 그런 자국이 있다는 것을 거의 잊고 산다. 어머니로부터 그 흉터에 대한 이야기를 듣고 큰 충격을 받은 것은 여덟 살 때쯤으로 기억된다.

한국전쟁이 끝나가던 무렵에 내가 태어났다. 생후 한 달쯤 되었을 때였다. 배냇저고리를 갈아입히던 어머니는 등에 붉은 반점이 생긴 것을 보았다. 그때 우리 집은 인민군이 많이 은거했던 함평의 불갑산 밑에 있었다. 마을 사람들은 인민군과 국군이 3년 동안 밤낮으로 번갈아 훑어간 뒤라서 호구지책이 어려운 시기였다. 그러니 아이의 등에 생긴 조그만 반점 때문에 대처 큰 병원까지 나간다는 것은 사치였을 것이다.

차일피일하며 민간요법으로 치료하다가 점점 덧이 났고, 나는 불덩이처럼 열이 올라오곤 했다. 뒤늦게 데려간 읍내 약국에서는 신생아에게 드물게 발병하는 '등창'이라고 했다. 새순 같은 신생아 피부에 일종의 욕창이 생긴 것. 뒤늦게 약을 썼지만, 상처 부위는 벌겋게 더 넓어지며 연일 자지러졌다. 고열로 단내가 훅훅 풍기는 어린 것을 안고 어머니는 동분서주했다. 그러나 병세는 나을 기미가 없었다. 울음소리는 기름 닳은 등잔불이파리처럼 나날이 잦아들었다.

그러던 어느 날, 백발의 할아버지 한 분이 걸식하러 왔다. 그때는 먹고 사는 게 어려운 때라, 끼니때면 걸식하는 사람이 한둘씩은 꼭 다녀갔다. 집집마다 어려웠지만, 십시일반으로 도우며 더불어 살았다. 우리 집도 마찬가지였다. 마당가 평상에 걸터앉은 할아버지에게 단출한 나물반찬에 보리밥 한 그릇 갖다 드리니 게눈 감추는 듯 먹어치웠다. 그러더니 장지문 안에서 강그라지게 우는 나에게 눈길을 주더란다. 이윽고 어머니에게 보채는 연유를 듣더니, 하얀 알약을 몇 개 주고는 잘 빻아서 상처에 살살 뿌려주라고 이르고는 바람처럼 떠났다고 했다.

어머니는 훌쩍 떠나는 할아버지에게 고맙다는 인사도 제대로 못 드렸다고 했다. 어머니는 알려준 대로 알약을 사발에 넣고 놋숟가락으로 곱게 빻았다. 그리고 가루를 짓물러 들어가는 상처에 솔솔 뿌렸다. 그렇게 하룻밤을 보냈다. 그런데 연한 등에 흐르던 진물과 고름이 멈추고 꼬독꼬독해지더란다. 남은 약을 거듭 발랐다. 무섭게 번져가던 등창 난 부위는 거짓말처럼 시나브로 딱지가 굳어가더란다.

기진맥진하여 밀어내던 내가 그로부터는 엄마 젖을 혀로 감싸 빨더라는 것. 그렇게 생기를 찾아갔단다. 새벽 샘물로 씻은 듯이 소쇄한 얼굴로 새근거리며 잠도 잘 잤다고 했다. 절망적이던 한 생명이 봄 풀잎처럼 소생한 것이다.

이름도 성도 모르는 할아버지가 걸인의 모습으로 홀연히 찾아와 까물거리는 핏덩이를 저승의 문턱에서 이승으로 온전히 돌려놓은 것이다. 꺼져가는 불이파리 같던 갓난아이는 어느새 이순(耳順)을 넘고 있다.

"태몽 중에 보았던 그 할아버지가 현신하여 너를 살려주었지."

어머니는 걸식하러 왔다가 약을 주고 간 백발 할아버지와 태몽을 연결한 이야기를 자주 해주었다. 몇 번을 들어도 싫증나지 않는 그 이야기는 어린 날의 막둥이에게 다디단 전설이 되었다.

어머니의 태몽 중에 나타난 할아버지의 이야기는 이러하다. 할아버지는 백학 두 마리를 손바닥 위에 올려놓고, 마당을 겅중겅중 돌다가 한 마리는 놓쳐 그만 땅에 떨어뜨렸다. 그리고 남은 한 마리는 어머니에게 안겨주었다. 어머니의 말로는 떨어진 학은 다섯 살 위의 오빠였고, 어머니가 받아 품에 안았던 학은 육 남매 중 막둥이인 나라고 했다. 그 오빠는 다섯 살 때 홍역을 앓다가 하늘나라로 갔다. 한참 재롱부리던 아들을 그렇게 보낸 어머니의 가슴은 어떠했을까? 지금도 맞바람이 통과하는 듯 휑하고 시리다고 말씀하신다. 그때 어머니는 자나 깨나 눈에 밟히는 그 아들을 다시 찾겠다며 새벽마다 장독대 위에 정화수(井華水)를 올렸다고 했다.

어머니는 먹물 풀어놓은 것 같은 밤에도 눈비 오는 새벽에도 정화수 뜨러 가는 발걸음은 멈추지 않았다. 그 길엔 언제나 어둠과 별과 바람이 동행했을 것이다. 별빛 스민 고샅길을 더듬어 나가면 마을 초입에 공동 샘이 있다. 그 어둑한 샘 속, 수면 위에는 별들이 오종종 내려앉아 와글거렸을 게다. 두레박은 '물 반 별 반'으로 넘쳤을 것이고. 그리고 두레박은 숨을 할딱이며 우물 속 어둠을 헤치고 새끼줄에 끌려 올라오곤 했겠지.

이윽고 끈질긴 지성에 감동한 전능자께서 보답이라도 한 것일까? 마흔네 살의 어머니에게 막내딸이 생긴 것이다. 그 기쁨도 잠시. 어머니는 갓난아이의 살이 썩어들어가는 '등창'을 통해서 다시 한 번 자식을 얻는 값을 혹독히 치렀다고 했다.

나는 그 후에도 유난히 잔병치레를 많이 했다. 그러나 어머니의 태몽 때문인지 자라서는 여태까지 병원에 입원하는 일은 없었다.

"우리 막둥이는 전생에 학이었으니 학처럼 오래 살 겨."

손녀 같은 막내딸을 다독이며 들려주던 어머니의 태몽 이야기가 늘 함께 했다. 아스라이 멀어지는 그 이야기 속에 지금도 잠들곤 한다.

다시 듣기 위해서 구만리 장천 저 끝에 계시는 어머니를 향해 귀를 세운다. '질곡 같은 세상에서 학처럼 티 없이 잘 살아내라'는 어머니의 음성이 태몽 이야기와 함께 귓전에 묵직하게 실린다.

노을빛 뉘엿한 지평선 위에 흰 구름이 수천 마리 학이 되어 날개를 좍좍 펴고 떼로 날아오른다. 하얀 알약을 주었던 걸식 할아버지의 모습도 백학 무리 속에 영상처럼 살아있다.

함평 고향집에서

작년 봄 한식날에 고향인 함평 문장을 찾았다. 친정아버지 묘를 이장(移葬)하기 위해서다. 돌아오는 길에 주인이 몇 번이나 바뀐 옛날의 우리 집과 마주 섰다. 떠나온 지 32년 만이다.

설레는 마음으로 기억을 더듬었다. 시누대울타리 짱짱하던 고샅길을 찾았다. 전에는 야트막한 언덕 아래에 50여 호가 옹기종기 정겨운 동네였다. 지금의 고샅은 그때 드문드문 엎드린 초가 사이를 이어주던 대추나무가지 같은 오솔길이 아니다. 그 길은 집 앞까지 자동차가 드나들 수 있는 시멘트 포장길로 변했다. 집들도 골목들도 낯설었다.

키를 넘던 시누대울타리는 간 곳이 없고, 삭막한 블록담장만

절벽처럼 눈앞에 선다. 하늘과 블록담이 머리 위에서 빙빙 돈다. 길 끝에 있던 우리 집은 다행히 대문 방향이 그대로다. 집 외양도 큰 변화가 없다. 녹슨 함석 대문을 쭈뼛이 열고 들어섰다. 팔순쯤 되어 보이는 할머니가 낯선 방문객을 보고 의아해한다. 전에 이곳에 살다 시집간 사람이라며, 집 좀 보고 싶어서 왔다고 했다. 할머니는 그제야 긴장을 풀고 친절히 대해준다. 할머니의 함평 특유의 사투리와 쪽진머리 위로, 지금은 뵐 수 없는 친정어머니의 모습이 언뜻언뜻 겹친다.

동네의 많은 집들은 새로 지어졌고, 사람들도 모르는 이들로 많이 바뀌었다. 그런데 우리 집은 지붕이 새 기와로 바뀐 것 외에는 거의 옛날 그대로다. 대문 옆에 헛간이 먼저 눈에 들어온다. 헛간은 팔순 노인처럼 허리를 구부리고 있다. 지팡이 같은 기둥은 용케도 슬레이트 지붕을 잘 받치고 서 있다. 헛간 벽은 옛날의 흙벽돌 그대로다.

아버지와 큰 오빠는 진흙을 이겨서 찍어낸 흙벽돌로 헛간을 지었다. 그런데 단단하던 흙벽돌은 흡사 가뭄에 갈라진 논바닥처럼 변했다. 세월의 수보다 더 많은 틈새들이 여기저기서 입을 벌리고 있다. 저 벽돌들은 어릴 때 내 모습을 오롯이 기억하고 있겠지. 여기저기 흙벽돌은 비바람에 닳고 금이 가 있다.

그 옛날 어머니 손처럼 마디 굵어진 내 손을 얹어본다. 그리고 귀를 기울여보고, 들여다보기도 한다.

"애들아, 놀자."

보름달 둥두렷이 떠오르면 또래들은 달뜬 마음으로 한마당 모여들었다. 놀이는 주로 달밤 술래잡기였다. 우리가 가장 만만하게 숨어드는 곳은 그 헛간이었다. 헛간 한구석엔 푸세식 항아리가 묻혀 있고, 퇴비더미도 있었다. 전형적인 시골 냄새가 물씬 났다. 코를 막으면서도 천장에 닿게 쟁여진 짚더미 속으로 기어들었다. 짚단 틈새에 꿩처럼 머리만 숨긴 순금이와 나의 눈동자는 고양이에게 쫓기는 생쥐 눈을 닮아갔다. 헛간 속 어둠은 심장 뛰는 소리에 맞물려 오금을 옥죄어왔다. 우리가 숨을 곳을 이미 알고 있는 술래는 열을 세자마자 찾아내곤 했다.

술래에게 붙잡혀 나온 우리들의 모습은 가관이었다. 단발 머리카락은 짚검불과 뒤엉켜 수세미가 되었다. 긴장으로 땀에 젖은 고무신 한 짝은 짚더미 속에 벗겨진 채 맨발로 달그림자를 밟고 서 있기도 했다. 날이 궂으려 할 때 배회하는 '헤실이(약간 정신이 간 여자)' 같은 서로의 모습에 한바탕 자지러졌다. 해맑게 깔깔대는 소리는 마당 가득 넘실거리는 달빛 파도를 타고 울을 넘었다. 우리는 달이 이울쯤에야 헛헛한 배를 안고 흩어지곤 했다.

헛간을 뒤로하고 내 발자국이 남아 있음 직한 이곳저곳을 돌아본다. 펌프 샘이 있던 자리엔 개나리 한 떨기가 낯선 길손을 반긴다. 그 샘은 온 가족의 사랑을 받는 우리 집 가보(家寶)였다. 가뭄이 아무리 심해도 마중물 한 바가지 부어주면 시원한 생수를 콸콸 쏟아내던 펌프 샘이었다.

"막둥아, 등물 좀 쳐 줄래?"

복더위에 조밭, 수수밭 매고 오신 어머니가 나를 먼저 찾던 곳도 그 샘가였다. 그런데 동네가 재개발되면서 간이 상수도가 생겼단다. 편리한 수도꼭지에 떠밀려서 펌프는 가뭇없이 사라졌다.

그 옆에 작달막한 앵두나무는 연둣빛 앵두를 달고 자리를 지키고 있다. 원목은 고목이 돼서 베어내고 그루터기에서 새순이 자라 해마다 그렇게 조롱조롱 연다고 한다. 앵두는 봄에 자잘한 흰 꽃이 지면 가장 먼저 열매를 맺었다. 봉덕이와 나는 익기도 전에 한 움큼 입에 물고, 앵두나무에 앵두처럼 오종종 매달리곤 했다.

마당을 지나 뒤란으로 돌아갔다. 병풍처럼 둘러쳐진 대밭이 그대로 있다. 숨이 막힐 듯한 여름에도 대숲에 들어서면 등줄기를 타고 흐르던 땀이 금세 멈추었다. 오시시한 한기까지 온몸을 휘감았다. 대나무 그늘에 멍석 한 장 깔면 피서지가 따로 없었다. 앞집 봉덕이와 옆집 순금이를 울타리 밑으로 불러들였다. 옥수수와 감자에 까르르 웃음까지 깨물어 먹으며 해를 꼴딱 넘겼다. 그때 그 단발머리 아이들의 수다가 대밭에서 들리는 듯하다.

그 애들은 지금 어디쯤에서 세월의 나이테를 그려가고 있을까? 시원하게 귀를 적시던 댓잎 소리를 그리워하겠지?

오늘도 오대양의 파도 같은 세월은 고향 집 구메구메 고여가고 있다.

고등어 등에는

주문진 수산시장에서 사 온 고등어를 서둘러 손질하였다. 어제 설악산 다녀오는 길에 주문진항에 들러서 펄떡거리는 고등어를 한 상자 사왔던 것. 얼음을 채워왔지만, 상할까 봐 손질하여 자반을 만들었다.

북수원 감리교회 여선교회원 80여 명은 새벽 6시에 두 대의 관광버스에 나눠타고 설악산을 향해 출발했다. 영동고속도로 위를 한참 달리자 산이 점점 깊어졌다. 안개가 자욱하게 깔리기 시작했다. 새벽잠을 설치고 오르르 몰려나온 회원들이라 모두 비몽사몽에 젖어있었다.

"잠들은 집에 가서 자고 양쪽 산 좀 봐요!"

갑자기 맨 뒷자리에 앉아 있던 박 권사가 소리쳤다. 조용하던 차 안은 가평을 지나면서 환호성이 터지고 시끌벅적하기 시작했다. 끝없이 펼쳐진 진초록 잣나무 숲에 오색 단풍 무늬가 다문다문 꽃 수를 놓은 듯했다. 춘향이의 열두 폭 치마 같은 수려한 산자락. 마음은 모든 것을 담을 수 있다. 지금 80여 개의 마음들이 설악산 자락을 옴시레기 휘감고 있다. 산자락은 또 시골집 마루 밑의 자루 빠진 호미처럼 녹슬어버린 중년 여인들의 오감을 흔들어 깨운다.

하늘과 산을 어지럽게 돌고 있는 한계령 길. 계곡을 품은 산들은 야트막하게 엎드려있다가 날렵하게 일어서기도 한다. 옆에 따라오는가 하면 어느 사이 산은 눈앞에 떡 버티고 선다. 얼비치는 계곡물에 손을 담가본다. 오십 여년 쌓인 오장육부 속 찌꺼기들이 손끝으로 덩클덩클 빠지는 듯 몹시 시리다. 그 청정수를 젖줄 삼아 억겁을 살아온 설악산이기에 자태 또한 저렇게 고결하겠지? 세월에 씻겨 뭉실해진 바위는 오체투지로 미동도 없이 엎드려있다. 그리고는 무심한 길손에게 쉬어가라고 공손히 등을 내민다. 염치없이 걸터앉으니, 두루뭉술한 바위가 곰삭은 친구 같다.

돌아오는 길에 주문진 수산시장으로 향했다. 전업주부 9단 실력의 아줌마들. 수산시장에 들어서자 점심으로 나른해졌던 여인들의 얼굴에 금방 생기가 돈다.

시장 안에는 바다에서 갓 건져 올린 듯한 꽃게, 가자미, 고등어 등 싱싱한 어물이 어물장수들의 외침만큼이나 파닥거린다. 그중에서도 열아홉 살 처녀의 팔뚝 같은 고등어가 맨 먼저 눈에 들어온다. 고등어는 어젯밤 그물에 걸려 올라오며 많이 놀랐는지, 자롬한 얼굴을 위로 발딱 제치고 있다. 흑진주 같은 눈은 아직도 잔뜩 겁먹은 표정이다. 고등어들은 저마다 넓은 포장바닥 위에 산 채로 산더미를 이루며 마지막 숨을 할딱거린다.

고등어들은 우리를 보자 구원이라도 청하듯 눈동자를 껌벅거린다. 하지만 금방 어물 장수 아저씨의 갈퀴 같은 손에 여지없이 나꿔채이고, 열 마리에 만 원씩 무더기 속에 파묻힌다. 고등어의 애잔한 눈망울을 외면한 채 우리들은 더 싱싱하고 탄력 있는 무더기에만 쏠려있다. 고등어 무더기 앞에서 한참을 기웃거린다. 그리고는 찰찰한 놈으로 골라서 한 상자 담는다. 아저씨는 얼음까지 채워주며 수원 아니라, 미국까지 가도 벌떡벌떡 숨 쉬고 있을 것이라고 허풍을 떤다.

다행히 오늘 아침까지 얼음이 수북했다. 그러나 고등어는 숨을 쉬지 않는다. 양이 많아서 자반으로 만들어야 할 것 같았다. 먼저 부엌칼을 숫돌에 갈아 나름대로 날을 세우기로 했다.

몇 년째 쓰고 있는 숫돌은 시골집 장독대에 굴러다니던 것. 싱크대 위에 두고, 식도나 과도가 무디어지면 쓱쓱 갈아서 요긴하게 쓰곤 한다. 어린 시절 친정아버지도 곧잘 이렇게 칼과 낫을 숫돌에 갈아썼다.

고향의 어린 시절, 벼 베기 전날이면 아버지는 으레 낫을 갈았다. 아버지는 긴 숫돌을 헌 삽자루 손잡이에 꽂고, 십여 자루 낫의 날을 모두 세워 벼 베기 준비를 하셨다. 말간 햇살 가닥에 가느스름한 눈길로 날을 비춰보시던 아버지의 모습이 지금도 선하다. 빨갛게 녹슨 낫도 아버지 손에 붙잡혀 숫돌에 갈리면 대장간에서 막 나온 듯했다.

두툼한 송판 도마 위에 고등어를 누인다. 어제만 해도 팔팔하더니 밤새 숨을 거두고, 알아서 처리하라는 듯 미동도 없다. 바닷속에 무슨 미련이 있었는지, 눈을 동그랗게 뜬 채 멈춰 있다. 새까만 눈알이 금방이라도 움직일 것 같다. 등에는 동해의 무거운 파도를 평생 지고 다녀서인지 검푸른 파도 자국이 선명하다. 조그만 몸피가 집채같은 파도와 싸우느라 얼마나 힘들었을까?

어렸을 때, 친정아버지 어깨에는 항상 지게 멜빵 자국이 검붉게 나 있었다. 젊어서는 서당 글공부만 하셨지만, 나이 드시고 농사일에 매달렸다. 그러니 말년에 서투르게 지게를 질 때마다 생긴 멜빵 자국이 도장처럼 검붉게 찍혀 있었다.

고등어 등에 나 있는 검푸른 파도 자국에서, 30년 전에 고인이 되신 친정아버지 어깨의 지게 멜빵 자국을 보는 것이다. 6남매를 짊어지셨던 아버지의 생생한 고통의 무게, 잠시 목울대를 넘어온다.

파도 자국 선명한 고등어의 푸른 등에 날 선 칼을 들이댄다. 도톰한 등을 반으로 나누고, 다시 뻐끔뻐끔 숨을 쉴 것 같은 아가미를 도려낸다. 목 언저리에서 선혈이 낭자하게 쏟아진다. 아직도 온기가 느껴지는 내장을 긁어낸다. 실한 등뼈와 옆 가슴에 가시들이 나란히 드러난다. 선혈을 헹궈 내고 왕소금을 설설 뿌린다. 칼질에 왕소금까지…. 내가 지금 얼마나 잔인한 살생을 하고 있는지….

노릇노릇하게 구워진 고등어의 등에는 아직도 파도 자국이 선명하다. 아버지 어깨 위의 보랏빛 지게 자국도 함께….

백로 같던 어머니

"뻐꾹! 뻐꾹!"

"그래, 이 괴괴한 들녘에서 날 반기는 것은 너뿐이구나."

이 산과 저 산에 간짓대(장대)를 가로지르면 걸쳐질 것 같은 고랑밭이다. 오늘도 백로 한 마리 진초록 조밭에 날개를 접고, 흥얼거리는 타령으로 뻐꾹새랑 화답을 한다.

50년 전, 마당가 원추리 잎에 이슬방울이 대롱거리던 날 아침이었다. 중년의 부부는 밥상머리에서 수월찮게 큰 소리를 냈다. 남편이 어제 해온 헐거운 나뭇짐 때문이었다. 나뭇단은 온통 보드라운 건초뿐, 불땀이라고는 없는 마른 풀을 아궁이 가득 밀어 넣어도, 한순간에 포르르 타버렸다. 그래서 가마솥의

꽁보리밥은 도무지 끓을 생각을 안 했다. 아내의 마음은 잠에서 깨면서부터, 오늘 김을 매야 하는 서마지기 조밭에 가 있었다. 불을 때다 말고 아내는 부지깽이를 던졌다. 나무다운 나무 한 짐 못 해주는 남편을 원망하며 헛간으로 내달렸다.

며칠 전에 그녀가 해다 놓은 생솔가지 다발을 끌어다가 아궁이에 넣었다. 그악스러운 추위가 오면, 조무래기 육남매를 따뜻한 방에 재우기 위해 시나브로 모아두던 솔가지 나무였다. 그것은 식량 다음으로 아끼는 땔감이었다. 아내는 끓어오르는 부화를 생솔가지와 함께 아궁이에 꾹꾹 밀어 넣었다. 드디어 수득수득한 솔이 타닥거리며 불꽃을 세웠다. 부엌에는 생솔가지 타는 매캐한 연기가 자우룩했다. 그제야 가마솥전에 밥물이 피시거리며 구수한 보리밥 냄새가 집안에 가득했다. 연기를 함빡 마신 아내는 눈물 콧물 범벅이 되어 아침상을 차렸다.

"어이구, 천하에 훈장님, 그것도 나무라고 해왔수?"

그녀는 느닷없이 볼멘소리로 쏘아붙였다. 남편은 이내 '어디서 아침부터 여자 소리가 울을 넘느냐'며 호되게 맞받아쳤다. 그 소리 또한 더 높이 울을 넘었다. 한 살 연하였지만, 남편은 언제나 아내 앞에서 사서삼경의 도를 실천하는 엄한 훈장님이었다.

"그래요. 나는 당신처럼 글을 많이 읽지 못한 여편네라서 그요."

그런 일이 처음이 아니건만, 아내는 남편의 큰 소리에 서러움이 폭풍처럼 몰려왔다. 벌렁거리는 가슴은 저고리 섶을 들썩였다. 아내의 입에 물린 밥숟가락이 더르르 울먹였다. 아내는 밥 뜨던 숟가락을 내려놓았다. 그리고는 마루 밑에 있는 호미를 들고 휙 집을 나섰다.

열 살 단발머리인 소녀는 '이다음에 크면 공부는 적게 했어도 나무도 일도 잘하는 사람한테 시집을 가야지' 하며 약은 다짐을 했다. 소녀는 노란 양은 주전자에 두레박 샘물을 퍼담았다. 아침상에 밥이 담긴 채 오도카니 놓여 있던 엄마의 숟가락이 생각나서, 선반 위에 얹힌 찐 감자도 바구니에 몇 개 담았다. 홧김에 빈속으로 삽짝을 나선 엄마가 어른거려서, 혼자 하는 공기놀이나 고무줄놀이가 도무지 신명이 나지 않았다.

소녀는 물주전자를 들고 가풀막진 재를 넘었다. 볼그스름한 볼과 콧등에는 땀방울이 송송 맺혔다. 주전자 안의 물이 출렁일 때마다 가녀린 허리가 휘어질 듯 낭창했다. 자갈처럼 돌돌 굴러가는 도랑물도 건넜다. 말간 물밑의 가재가 같이 놀자고 유혹했다. 그러나 땡볕에 허기져 있을 엄마를 위해서 놀고 싶은 마음을 꾹 눌렀다. 마지막 산모퉁이를 돌아섰다. 노란 햇살 가득 담은 흰 고무신이 아기똥풀꽃 아래서 코를 삐죽이 내밀었다. 그리고는 물엿 같은 햇살을 가득 담고 졸고 있었다. 노란 털보숭이가 된 꿀벌들은 달차근한 햇살을 빨며 나부댔다. 고무신에 땀이 배면 미끈거린다며 엄마는 늘 맨발로 밭일을 했다. 그래서 항상 엄마의 분주한 발바닥엔 관솔 같은 옹이가 박혀있었고, 짓궂은 막내가 간질여도 간지럼을 타지 않았다.

멀리 밭 가운데 하얀 날개가 움직이는 듯했다. 흰 무명치맛자락 질끈 동여맨 엄마의 모습은 흡사 초록빛 조밭에 내려앉은 한 마리 백로 같았다. 남편에게 솟았던 울뚝불뚝은 뻐꾹새와 주고받은 타령에 버무려서 조밭 고랑에 묻어버린 듯했다. 아침에 본 엄마의 구겨진 마음이 숯불 다리미에 꾸덕한 모시적삼 펴지듯 쫙 펴져 있었다. 거기에는 나무, 풀, 꽃, 새들의 재잘거림도 한몫을 했으리라. 엄마의 눈에는 감자 꽃 같은 웃음이 피었다. 물주전자 들고 앞에 선 막내를 흙 묻은 손으로 와락 안았다.

그때 그 진한 어머니 냄새는 지천명을 훌쩍 넘은 지금도 코언저리에 얹혀있다. 그리고는 가끔씩 눈물샘을 건드린다. 반평생을 글만 읽었던 아버지는 육체노동과는 거리가 멀었다. 어머니는 아버지와 함께 일할 때, 어둔한 선비 남편의 손길이 심히 답답하고 마뜩잖았다. 그럴 때면 허리띠 고쳐매며 목울대를 타고 오르는 울화를 삭히곤 했다.

그러나 한 살 연하인 아버지에게는 어머니를 평안으로 인도

하는 비장의 무기가 있었다. 아버지는 새벽이면 호롱불도 켜지 않고, 천자문과 소학, 그리고 명심보감과 사서삼경을 낭창한 음성으로 줄줄이 외었다. 어둠 속에 울리는 청랑한 글 읽는 소리는 어머니의 곤함을 말갛게 씻어내고 단잠을 선물했다. 늦둥이인 나도 아버지의 글 외는 소리에 잠 속으로 아슴하게 빠져들곤 했다.

어머니는 먼저 떠난 아버지를 따라 구순을 넘기고 먼 길을 떠났다. 유교사상 진하게 배었던 아버지도, 한 마리 백로처럼 푸른 밭고랑을 타던 어머니도 긴 여정을 마치고, 이제는 풍화가 끝나 평안할 것 같다.

사위도 장인을 닮는지, 친정아버지처럼 '여자가 어쩌고저쩌고.'하는 남편을 바라보며 깜짝깜짝 놀란다. 그래도 찌그락짜그락 하며 서른네 해를 동행했다.

"다들 그렇게 한평생 사는 겨."

어머니의 음성이 스산스런 마음을 뭉근하게 다독여준다.

달래 바구니 같은 머리에 흰 무명옷, 백로 같던 어머니. 생전에 즐겨하시던 조홍감을 은쟁반에 수북이 담아 어머니 앞에 놓고 싶다. 오늘 같은 어버이날에는.

밥상머리

토종백숙으로 차린 가족 밥상이다. 매초롬한 토종닭이 한 점 부끄러움도 없는지, 잔털 한 올 걸치지 않고 누워있다. 다리는 쩍 벌린 채다. 욕심 없이 비워낸 뱃속엔 밤톨과 대추, 햇마늘로 꼭꼭 채웠다.

남편은 정년퇴직하여 시간이 넉넉해졌지만, 딸들은 여전히 바쁘다. 가족이 함께 식사한 적이 언제인지 아스라하다. 이런 모습은 비록 우리 집뿐만이 아닐 것이다. 직장의 회식자리 수가 가족의 밥상보다 더 많아진 것이 요즘의 세태다. 가족 밥상이 줄었다는 것은 가족 간에 대화의 창이 닫히고 있다는 것이다.

경쟁사회로 치달으면서 부모와 자녀들은 제각기 바쁘다. 그러면서 밥상머리는 점점 사라지고 있다. 밥상머리라는 말에는 웅숭깊은 부모님의 속내가 스며있다. 그런데 오늘날 우리들의 주방에 번듯한 식탁은 있으나, 식구가 마주하는 밥상머리가 사라지고 있는 것이다. 아버지는 가장이라는 멍에를 지고 새벽에 나가 아이들이 잠든 뒤에 귀가한다. 어머니 또한 맞벌이로 분주하고 피곤하다.

지난 주말에 오랜만에 가족이 저녁 식사를 함께했다. 식탁에 야들야들한 백숙을 통째로 양푼에 담아 올렸다. 펑퍼짐한 일동 막걸리 병도 구해 구색을 갖췄다. 입사 7개월째인 막내의 실감나는 이야기가 시작되었다. 적적하던 남편은 흡사 물 만난 고기처럼 맞장구를 쳐준다. 그러면서 40여 년 직장 생활의 갖가지 노하우를 거침없이 쏟아낸다. 아이들이 직장이라는 현장에서 부대끼다 보니 남편의 이야기에 공감이 가는 모양이다. '그래요, 맞아요, 아빠.' 하는 딸들의 찰진 맞장구에 남편의 목소리는 점점 높아간다.

두 딸과 남편은 해낙낙한 얼굴이다. 마치 해당화 같다. 장맛비를 머금은 마파람 한 자락이 콧잔등의 땀을 닦아준다. 바닷바람처럼 시원하다.

가스 불 옆에서 동동거린 내 등줄기에 또르르 땀방울 구르는 소리가 난다. 세모시치마 같은 마파람을 타고 유년기 어느 날,

친정아버지의 밥상머리로 거슬러 오른다. 반백년 세월의 고개가 제법 가풀막지다.

친정아버지의 소박한 밥상 앞에는 떠꺼머리 두 오빠가 자리했다. 아버지의 밥상머리에는 종종 한 동네 사는 사촌이나 동네 이장의 숟가락이 하나 더 오르기도 했다. 어머니와 우리 자매들의 두레상에는 늘 삼부자의 밥상에 놓고 남은 반찬이 올랐다. 어쩌다 갈치구이를 하는 날엔 가운데 토막은 삼부자 상에 올랐고, 두레상에는 머리와 꼬리가 당연한 듯 자리했다. 막내인 나의 눈길은 가운데 토막이 놓인 삼부자의 밥상을 넘나들곤 했다. 끝내 한 토막을 내 앞에 옮겨주던 아버지의 젓가락이 50여 년 건너편에 생생하다.

'어서들 먹자.' 하며 아버지가 수저를 들 때까지 기다리는 시간이 왜 그리 길었을까? 바로 위 오빠와 내 목에서는 꼴깍 소리가 났다. 모아진 침 한 모금이 산수유 열매 같은 목젖을 밀고 넘은 것이다.

친정아버지는 수저를 드는 순간 귀에 익은 말씀을 시작했다. 낯선 반찬은 어른이 먼저 드신 후에 젓가락을 대야 하는 것부터 옛 성현들의 미담까지 참으로 다양했다. 열 살쯤엔 그 레퍼토리를 다 외었다. 그때는 반복되는 말씀들이 참 지루했다. 신성한 밥상머리에서는 웬만해선 나무라지도 않았다. 꼭 나무랄

일은 밥상을 물린 뒤에 조곤조곤 타일렀다.

돌이켜보면 부모님들의 밥상머리 말씀은 자녀들에게 결 고운 인성을 길러주었다. 걸어온 길을 돌아보면 나아갈 길이 보인다고 하지 않던가? 도도하게 흐르는 사회의 소용돌이도 실개천 같은 가정에서 시작된다는 것을 첨단 지식 이전에, 선조들의 지혜에서 배워야 할 일이다.

비록 보리밥과 장아찌였지만 엄마의 손길이 배어든 그 도시락을 까먹고, 오순도순 가족의 밥상이 있던 세대는 그래도 위아래를 알아봤다. 도덕이 존재했다. 인륜(人倫)이 파랗게 숨쉬었다. 적어도 학교에서 요즘처럼 어처구니없는 일은 일어나지 않았다.

며칠 전, 어느 초등학교에서 있었던 일이다. 정년퇴임을 몇 달 앞둔 선생님이 맡은 4학년 교실에서였다. 그런데 한 남자아이가 수업 시간인데도 밖에 나가 운동장을 베돌더라는 것이다. 그래서 선생님은 그 아이를 불러서 어르고 달래던 중에 알밤을 한 대 먹였단다. 그 순간, 아이의 주먹이 곧바로 노(老) 선생님의 얼굴로 날아들었던 것. 어처구니없는 일이 벌어진 것이다. 아마도 이 아이의 행동은 가정과 급우들에게 소외당한 분노 때문에 애먼 곳에서 폭발한 것 같다. 일은 거기서 끝나지 않았단다. 전화를 받은 그 아이의 엄마는 자신의 아들이 차별

받는다는 억측으로 몰고 간 것이다. 심지어 동네 엄마들까지 몰고 가서 학교를 난장판으로 만들었다고 했다.

이쯤 되면 요즘 교육의 현장이 어디서부터 무너지고 있는지 짐작이 갈 것이다. 가정교육이 바로 서지 않고는 학교도 사회도 국가도 바로 설 수 없는 것. 그 가정교육의 장(場)이 바로 가족이 함께하는 밥상머리가 아닐까 싶다.

들꽃 같은 아이들이 둘러앉은 밥상머리는 영영 회복할 수 없는 것일까?

금줄

사립문 위에 통통한 왼새끼가 홍고추를 다문다문 물고 있다. 흡사 고추가 드나드는 사람들을 지켜보는 것 같다.

달포 만에 여천 고향 집을 찾는다. 온통 다홍치마를 펼친 듯한 고추밭이 풍성하다. 여름에 왔을 때는 흰 나비떼 같은 꽃을 피웠는데, 어느새 이렇게 열매 맺어 모두 붉게 익다니….

풋고추나 따 먹을 요량으로 몇 줄 심은 고추다. 고추는 바람과 비와 햇살로 허기진 배를 채우며 주인을 기다리다가, 그만 기린 목이 되었으리라. 염치없이 주인은 이제야 와서 소쿠리를 들이대고 고추를 따낸다. 온몸이 매콤하다. 홍고추 냄새에 젖다 보니 어렸을 적 고추 금줄이 어른거린다. 붉은 고추가 출산

한 집의 싸리문에서 단단한 수문장 역할을 할 때가 있었지 않은가?

지금은 임산부 대부분이 산부인과 분만실에서 출산을 한다. 그리고 산후조리원에서 마음 편하게 허한 몸을 보충하고, 한 2주가 지나면 몸조리가 마무리된다. 저마다 산모들은 만지면 터질 것 같은 빨간 신생아를 몽실몽실 키워서 집으로 돌아온다. 그러니 양가 어머니의 정성스런 산후조리도 없어지고 더욱이 금줄 같은 것을 칠 필요가 없다.

50여 년 전 장조카를 낳던 날이었다. 친정아버지가 초저녁부터 마당에서 서성거렸다. 감나무 빈 가지에 걸린 반달도 내려와 현장을 지켜본다. 산고(産苦)가 시작되고 얼마나 지났을까. 귀를 찢을 듯한 새언니의 비명이 섣달 한밤의 어둠을 뒤흔들었다. 팽팽한 긴장을 찢는 아기의 울음소리와 함께 순간 '고추다.' 하는 어머니의 달뜬 목소리가 들려왔다. 한 생명이 탄생하는 기쁘고도 엄숙한 축포가 아닌가?

왼새끼에 홍고추를 꽂는 아버지의 바쁜 손이 수전증 환자처럼 떨린다. 솔가지와 백지도 꽂는다. 아버지는 순식간에 만든 금줄을 사립문 위에 자랑스럽게 내건다. 금줄 아래에는 황토를 뿌린다. 액막이와 부정 타지 않게 하려는 배려다. 어둠 속의 금줄에는 새벽 별도 총총히 박혀 빛난다.

새벽어둠 속에서 금줄을 올려다보는 친정아버지. 그 얼굴엔 느꺼운 미소가 화선지의 수묵화처럼 번져간다. 그렇게 걸린 고추 금줄은 세이레 동안 사립문 위에 개선장군의 훈장처럼 걸린다. 금줄은 삼칠일이 지나면 걷어서 깨끗한 곳에서 태우기도 하고, 사립문 옆 담이나 울타리에 놓기도 한다. 삼칠일의 날 수는 단군신화에도 나온다. 환인은 호랑이와 곰에게 21일 동안 마늘과 쑥, 어둠의 시련을 겪게 한다. 그 결과 성자로서 끈기와 참을성으로 견뎌낸 곰은 승리하여 인간이 되고, 용맹하기만 한 호랑이는 실패하고 만다. 천상과 동물이 결합되어 인간(단군왕검)이 되는 단군신화의 정신이 금줄에도 있는 것이다.

우리의 신화와 민간신앙은 흥미로운 것이 많다. 하지만 기독교가 전파되면서 미신 타파라는 명목으로 많이 사라졌다. 흥미로운 고유문화가 민족의 정갈한 얼로 계승되지 못한 것은 안타까운 일이다.

금줄. 그것은 단군처럼 태어난 새 생명의 축복이요, 선포이며, 무탈하게 자라도록 기원하는 신성한 정신이 담겨있다. 그리고 옛날에는 금줄의 주술적 힘을 믿었다. 가족 외에 다른 사람이 들락거리면 삼신이 노해서 아이에게 해꿎이를 한다고 생각했다. 뾰족한 솔잎은 침범하는 잡귀를 찔러서 막는다는 의미이고, 백지를 꽂는 것은 전기가 없던 시절, 밤에도 금줄이 잘 보이라는 뜻이리라. 황토의 붉은색은 잡귀의 접근을 막는다는 믿음에서였다. 금줄은 또 인줄이라는 다른 이름으로 장맛이 변하지 않으라고 장독에도 쳤다. 마을의 수호신인 당산나무에 둘러치기도 했다. 미신이라기보다는 조상들의 지혜요, 경험과 학이었던 것이다.

재치있는 어머니들은 산고도 들지 않은 사립문에 갑자기 금줄을 칠 때가 있었다. 쌀이 귀하던 시절, 밀주 단속을 나온 세무서 직원들을 막기 위해서였던 것이다. 당시 그들의 밀주 단속은 서슬이 시퍼랬다. 곳간이며 나무청과 뒷간까지 모두 뒤졌다. 밀주 단지를 찾아 발각이 되면 무거운 벌금을 물렸다. 그런데 금줄이 걸린 집 앞에선 걸음을 돌렸다. 재빨리 내 건 금줄이 그럴 때는 수문장 역할을 톡톡히 했던 것이다.

출산 금줄은 특별히 세심한 주의를 기울였다. 남아가 태어나면 홍고추와 솔가지를, 여아가 태어나면 참숯과 솔가지를 끼웠다. 남녀 쌍둥이를 낳은 집에서는 홍고추와 참숯을 섞어 꽂기도 했다. 마을 사람들이 그 집 앞을 지날 땐 논도 사고 밭도 샀다며 덕담을 수북이 부어주었다.

요즘의 부모들은 불통의 금줄을 걸어주는 건 아닐까? 단군신화의 하늘과 인간과 동물이 화합하는 홍익인간의 마음을 온전히 길러주지 못하고, 수만 맹수들의 투쟁하는 마음으로 길러 내고 있지는 않은지 묻고 싶다. 매스컴에는 나날이 도를 넘는 끔찍한 사건·사고들로 넘쳐난다. 혼외자로 인해 단란하던 가정이 마른 박 바가지처럼 깨지고, 평생 쌓아올린 금자탑이 바벨탑처럼 무너지기도 한다. 어디 그뿐인가? 자식이 부모를 죽이고, 부모가 어린 자식을 학대하고 죽이기까지 한다.

이런 일들이 왜 일어나는 것일까? 성스러운 금줄을 마음에서 걷어버리고 이기심과 물욕에서 기인하는 것은 아닐까? 헐렁해진 금줄을 수시로 바투 잡아매야 할 일이다. 하늘의 섭리를 따르고, 사람의 도리를 벗어나지 않는 금줄을 치는 일이 절실히 필요한 것 같다.

엄마의 맨발

긴 밭고랑 끝에 햇살 가득 담겨 있는 흰 고무신 한 켤레. 언덕이 가려서 엄마가 안 보여도, 거기 놓여있는 고무신으로 엄마의 위치를 확신했다. 엄마는 밭을 맬 때 항상 맨발이었다. 땀이 미끈거리는 고무신을 벗으면 일에 속도가 붙기 때문이었을까?

학교 갔다 오면 텅 빈 평상에 책보를 부려놓고 엄마를 찾아 언덕 넘어 밭으로 내달았다. 하교 후의 출출한 배는 엄마보다는 밭고랑에 운 좋게 익어있을 개똥참외가 더 간절했을 것이다.

햇살 한 자락 목에 감고 봄이 당도했나 싶더니, 단비 몇 차례에 진초록 치마로 갈아입는다. 수원 만석공원 일왕저수지 둘레 산책로엔 많은 사람들이 제각각 특이한 걸음걸이로 걷기도 하고 뛰기도 한다. 벚꽃이 쏟아져버린 자리엔 연초록의 이파리 밑에 버찌 열매가 종알종알 달려있다. 보기에는 먹음직스럽지만, 맛은 시큼 떨떠름하다. 실속 없는 짝퉁처럼.

남편과 두 딸이 썰물처럼 빠져나간 자리엔 아침 고요가 밀려든다. 휴식을 권하는 소파의 유혹을 간신히 물리쳤다. 운동화 끈을 질끈 맨다. 나도 산책로 일행 속에 끼어서 정확한 걷기 폼을 잡는다. 포장된 산책길을 두 바퀴 돌았다. 다리가 무겁다. 계획했던 남은 세 바퀴는 축구장으로 내려가 운동화와 양말을 벗고 흙길을 맨발로 걷는다. 발바닥이 잔모래와 흙의 감촉으로 시원하다.

맨발로 달리는 눈앞에 몇 폭의 영상이 스치고, 아스라이 함성이 들린다. 해보초등학교에서 가을운동회를 하는 날이다. 햇살 가닥에 줄줄이 매달린 만국기가 동심을 풍선처럼 달뜨게 하는 초등학교 5학년 때였다.

그날은 어머니가 호롱불 심지 돋우며 밤새워 만들어주신 광목 덧버선을 신고 있었다. 청색 머리띠를 질끈 매고 아침 일찍 신나게 달려갔던 학교 운동장. 청군 백군이 줄을 서 양 진영을 이루고, 재건 체조를 하고 나면 경기는 시작되었다.

각종 매스게임, 부채춤, 엄마 아빠와 발목 묶고 함께 달리기 등이 끝났다. 이제는 모든 경기의 마지막 피날레인 청백계주만 이 남아있다. 관중석이나 운동장의 청·백팀 모두의 관심이 집중되는 시간이다. 나는 5학년 1반 대표주자로 뽑혔다. 쿵쿵 뛰는 심장 소리를 들으며 출발지점에 줄을 섰다.

하나, 둘, 셋, 땅! 벌렁거리는 심장은 안정되지 않은 채 계주가 시작되었다. 나는 청군의 마지막 주자였다. 앞 주자로부터 청색 배턴을 땀이 밴 손에 받아쥐었다. 하얀 레인을 따라 힘껏 달려 중간쯤 돌 때였다. 그런데 아뿔싸! 그만 어머니가 손수 만들어준 덧버선이 모래땅에 견디질 못하고 실밥이 터져버렸다. 더 이상 신고 뛸 수가 없었다. 냅다 벗어던지고 맨발로 뛰는데, 발바닥에 닿는 흙모래의 시원한 감촉이 기폭제가 되었다. 발이 그렇게 가벼울 수가 없었다. 가속도가 붙었다. 내 앞에는 아무도 보이지 않았다. 후들거리는 다리에 더욱 힘을 주었다. 하얀 결승선 줄을 가슴으로 밀고 들어섰다. 그 기분을 어찌 표현할까? 1등이었다.

결승선 옆에서 '우리 막내 잘했다!' 하며 목청껏 외치는 엄마의 목소리가 그제야 들렸다. 바람을 물고 나부끼는 엄마의 하얀 무명치마도 눈에 들어왔다. 트랙 밖에서 손녀 같은 막내딸을 눈에 담은 채, 두 주먹 불끈 쥐고 함께 달렸던 엄마. 반백머리에 흰 고무신, 무명치마 차림으로. 친구들이 할머니냐고 묻던 엄마의 모습이다. 그러나 여느 젊은 엄마 못지않은 그 열정에 맨발의 나는 기를 받았던 것. 전혀 부끄럽지 않고 기죽지도 않았다.

땀이 배어 미끈거리는 고무신을 밭 언덕에 벗어놓고 엄마는 늘 맨발인 채로 밭을 매셨다. 소나무 옹이 같은 군살 박힌 엄마의 맨발은 철없는 고사리 손으로 아무리 간지럼을 태워도 꿈쩍 안 했다. 그 엄마의 맨발이 나를 1등으로 만들었는지도 모른다.

그때의 엄마처럼 반백이 된 엄마의 막내딸은 지금 폭삭한 운동화를 신고 호사스럽게 걷는다. 다시는 볼 수 없는 엄마의 옹이 박힌 맨발을 가슴에 안고….

몽당연필

난쟁이 대가족이다. 쉰다섯 식구가 좁다란 방에 가득하다. 병아리 부리 같은 입들을 뾰족하게 내밀었다. 지금이라도 오르르 달려나와 산수숙제를 콕콕 쪼아 풀어낼 기세다. 막내딸의 서랍을 엿보다 만난 친구들이다.

막내딸이 학업을 마치고 직장을 따라 대전에서 살고 있다. 성혼하여 출가할 때까지는 곁에 두려고 했는데 여의치 않게 되었다. 아이가 떠난 후 빈방이 흡사 큰딸 시집보내고 난 뒤처럼 휑하다. 빈방과 책상과 컴퓨터가 내 차지가 되는 옹골진 일이 그 휑한 마음 한쪽을 채워준다.

새내기 수필가에게 호젓한 작업실이 생긴 것이다. 남편의 눈치 보며 밥상을 책상 삼아 안방과 거실을 넘나들던 나에게 이런 호사가 있을까? 책상 앞에 앉아본다. 참 아늑하다. 감칠맛 나는 글들이 송아리 째 쏟아질 것 같다.

책상 위를 대충 정리하고 서랍을 차례로 열어본다. 한 칸이라도 비어있으면 거기까지 사용할 요량이다. 막내의 성격만큼이나 꼼꼼하게 정리되어 있다. 손안에 잡히는 단어장부터 알록달록한 종이학까지. 아이의 손때 묻은 소품들이, 떠나간 주인의 손길을 기다리고 있다. 빈칸은 없다. 아쉽다. 맨 아래 서랍에서 먼저 눈에 들어온 것이 있다. 넓적한 철필통이다. 제법 묵직하다. 꼭 닫힌 뚜껑을 열었다.

'와~.' 고만고만한 몽당연필이 필통 가득하다. 도토리 키재기 하듯 가지런히 누워있다. 쉰다섯 자루. 1개 대대가 더 되는 병정이다. 흡사 갓 입대한 신병들 같다. 머리를 단정하게 깎고 차렷 자세다. 막내의 보물이다.

아이는 볼펜 껍질을 끼워가며 손가락이 아프도록 썼을 것이다. 연필의 몽톡한 머리 부분에는 아이의 이름이 또글또글하게 새겨져 있다. 고사리 손으로 연필마다 이름을 새기며 아이는 무슨 생각을 했을까? 얼마나 진지한 표정을 지었을까? 새겨진 이름 석 자 속에서 보조개 쏙 파인 막내 얼굴이 보인다. 상글거리는 아이의 웃음소리가 들린다. 하나씩 만져보고, 냄새도 맡아본다. 풋풋한 막내 향이 은은하다.

'일손 놓고, 요 귀여운 놈들 좀 봐라.' 한 컷 찍어서 막내에게 카톡 한 줄 곁들여 보낸다. '카톡! 카톡!' 입이 귀에까지 걸린 이모티콘이 대전에서 수원까지 단숨에 날아온다. 아이의 말간 웃음소리처럼 내 귀에 담긴다.

한국전쟁이 끝난 지 얼마 안 되던 60년대에 초등학교에 다녔던 세대는 연필 한 자루의 소중함을 잘 안다. 지금처럼 매끈한 공책에 잘 나가는 연필도 아니다. 종이는 거칠고 연필심도 약했다. 연필은 깎을 때부터 툭툭 부러졌고, 까끌한 공책은 침 묻혀 쓰는 연필 끝에서 죽죽 찢어졌다. 그중에서도 문화연필, 동아연필은 심이 좀 짱짱해서 인기가 좋았다.

중학교 입학시험 보러 가는 날이었다. 큰집 언니가 무명치마 속 고쟁이 주머니에서 허옇게 닳아진 천 원짜리 한 장을 꺼내 주었다. 좋은 연필 사서 시험 잘 보라며. 그때 샀던 동아연필 한 다스는 지금도 마음속에 오롯이 남아 필통 속을 차르르 굴러다닌다.

연필에 대한 나의 애틋함은 딸들이 초등학교에 다닐 때까지도 이어졌다. 아이들은 일일이 깎을 필요가 없는 샤프 연필을 쓰려고 했다. 샤프는 잘 부러져서 집중력을 감한다며 연필을 강권했다. 요즘은 품질 좋은 연필이 얼마나 많은가? 몇 다스씩 사서 깎아 딸들의 필통에 넉넉히 담아 주곤 했다. 아이들의 필통이 가득하면 안 먹어도 배가 불렀다. 마침내 아이들의 연필 사랑하는 마음이 나보다 더했다. 막내의 그런 마음이 학창시절에 쓰던 몽당연필을 직장인이 된 지금까지 보관하게 된 것 같다.

꼬막 손으로 쥘 수 없이 작아진 연필을 다 써버린 볼펜 껍질에 끼워 쓰던 몽당연필. 마루교실 대청소라도 하는 날이면 마루 틈에 끼인 몽당연필을 서로 주우려고 왁자하게 엎드리던 친구들. 그들도 지금은 할미가 되고 할배가 되었으리라. 고사리 손에 연필을 쥐고 깍두기공책에 한글을 또박또박 채워가는 손자 손녀들을 보고 있을까? 지금 나처럼….

지금은 하루가 멀다 하고 새로운 필기구들이 문구 코너에 넘쳐난다. 그러나 신세대들은 더디다는 이유로 손으로 쓰는 것을 싫어한다. 얼마 전에 신문지상에서 보았다. 아이들이 글씨 쓰는 습관을 가지면 정서가 안정되고 생각하는 힘이 커진다고 한다. 디지털 생활이 좋은 것만은 아닌 것 같다. 영상 매체에 밀려나는 질 좋은 필기구들이 인스턴트식품 때문에 남아도는 쌀 같다.

전화 한 통화, 문자 메시지 한 줄보다는, 보내는 이의 체취가 잔잔하게 배어나는 연필로 쓴 손 편지 한 통을 회복할 수는 없을까? 연필에 대한 애틋함이 얇아지다 못해 사라지고 있는 요즘에 궁상스런 초로(初老)의 헛꿈일까?

5장

거룩한 보물

대추서랍장

서랍장의 뭉툭한 발목 하나가 부서져 있다.

“수명이 다 됐나?”

그런데 산산조각이 나서 어떻게 붙여볼 수도 없다.

며칠 전, 청소를 하던 중 서랍장 밑의 먼지를 쓸어내다가, 서랍장 발목을 보고 가슴이 철렁했다. 자세히 들여다보니 부서진 발목 속에는 또 다른 심이 뿌리처럼 짱짱하게 박혀 있었다. 그것이 버티고 있어서 한쪽으로 기울지는 않았다. ‘아, 다행이다.’ 이름 모를 목공의 섬세한 마음의 지혜가 고마웠다.

영하의 냉기를 뚫고 들어온 선달의 볕이 서랍장 위에 살며시 내려앉는다. 큰언니처럼 깔밋한 서랍장을 볼 때마다 빨간 대추들이 종알종알 속삭이는 소리가 들린다. 대추로 인하여 내 식구가 된 서랍장이기 때문이다.

30년 전, 우리 부부는 비탈진 산밭을 일구어 대추나무 묘목을 심었다. 키가 무릎에 닿을까 말까 하는 어린나무의 뿌리에 가난한 부부의 꿈을 꾹꾹 눌러담았다. 흙은 계절 따라 들숨 날숨으로 가녀린 뿌리에 생기를 불어넣었다. 잔가지에 5, 6년의 나이가 포개졌을 때, 가지마다 몇 알씩 열매로 응답했다. 작달막한 키를 타고 올라온 봄기운으로 꽃을 피웠고, 삼복의 찌는 듯한 열기는 열매를 키웠다. 대추는 탱글탱글한 가을 햇살을 물고 터질듯한 볼들을 내밀었다.

대추나무는 태평양을 뒤엎는 두어 차례 태풍 속에서도 잘 견디었다. 옹골진 첫 수확은 형제와 이웃에게 나눠주고도 대형 마대자루로 한 포대나 되었다. 자루째 들고 나가 첫 버스에 실었다. 그리고 곧장 순천 농산물공판장으로 갔다.

어렸을 때 왁자한 공판장을 구경한 적은 있지만, 매물을 들고 직접 가기는 난생처음이었다. 갖가지 농작물이 농부들의 소득으로 바뀌기 위해 모둠모둠 줄을 서고 있었다. 내가 가져간 대추 자루도 그 줄에 끼어 웅크리고 차례를 기다렸다. 대추 자루는 어린이집에 갓 떼어놓은 아이처럼 내게서 슬픈 눈길을 떼지 않았다. 나도 그 옆을 뜰 수가 없었다.

잠시 후 경매사가 빈 상자를 엎어놓고 높직하게 올라섰다. 경매사의 알아들을 수 없는 빠른 외침이 마치 주문(呪文)처럼 들렸다. 눈꺼풀에 묻어있는 잠을 털어내며 새벽길을 달려온 중매인들이 그 앞에 웅긋쫑긋 모여 섰다. 그들은 옷섶으로 손을 가리고 손가락으로 경매사를 향해 여러 가지 신호를 보냈다. 흡사 야구 감독이 게임 중인 선수들에게 사인(sign)을 보내는 것 같았다. 중매인들의 반짝이는 눈빛에선 긴박감이 배어났다.

경매가 끝난 후에 받은 대금은 15만 원이었다. 사랑스런 대추들이 낯선 중매인에게 떠나가며 내게 남겨준 수월찮은 흔적이었다. 떠나간 대추들을 어루만지듯 지폐를 몇 번이나 세어봤다. 그 무렵에 우리가 살던 셋방에는, 라면 빈 상자에 딸들의 옷가지가 넘쳐나고 있었다. '이참에 첫 대추를 기념할 만한 것을 마련하자.' 쇠뿔도 단김에 빼다고, 거금 15만 원을 쥐고 순천 오일장으로 곧장 달려갔다. 그리고 가구점을 찾았다.

인상이 가장 좋게 보이는 아저씨의 가게로 들어갔다. 입구에 들자마자 질박한 5단 서랍장이 첫눈에 들어왔다. '그래, 딱 이 놈이야.', '요 이쁜 놈을 우리 집으로 데려가자.' 더 돌아볼 생각도 하지 않았다. 서랍장은 시끌벅적한 장터에 선 채로 종일 나를 기다렸는지, 헐레벌떡 뛰어드는 나를 보고 박꽃 같은 웃음을 벙싯거렸다. 서랍장의 감겨드는 웃음을 온몸으로 받으며 곧

바로 계산대로 갔다.

"저 서랍장 얼마지요?"

아저씨는 계산서를 후딱 써주었다. 어쩌면! 계산서에는 날아갈 듯한 필체로 150,000원이라고 씌어있었다. '대추 값과 서랍장값이 어떻게 이렇게 딱 맞아떨어질 수 있을까?' 대추 같은 딸들의 옷가지를 서랍장에 예쁘게 담으라고, 대추는 세찬 태풍과 번개와 천둥을 알몸으로 받아냈다. 그리고 도사리가 되지 않고 잘 영글어주었다.

서랍장을 가구점 아저씨의 삼륜차 짐칸에 실었다. 나는 조수석에 올랐다. 함께 타고 오면서도 자꾸만 서랍장에 눈이 갔다. 짐칸에 의젓하게 앉아있는 서랍장.

'그래 너와 나는 한 식구야. 이제부터 네 이름은 '대추서랍장'이라고 붙여 줄게.' 이런 생각을 하자, 그 호칭의 막을 비집고 나온 대추향이 삼륜차 안에 그윽했다.

그렇게 해서 대추서랍장이 안방에 자리 잡은 게 25년이다. 그동안 남편의 직업 형편상 잦은 이사를 해야 했는데, 그때마다 이삿짐 속의 서랍장은 가을 들녘의 메뚜기처럼 전국을 옮겨 다녔다. 열일곱 번의 이사 길에서 튼튼하던 손잡이가 몇 개 떨어져 나가기도 했다. 그런 중에도 제 할 일을 오롯이 다 했기에 지금도 가족들의 사랑을 듬뿍 받고 있다.

서랍장은 특히 딸들의 사랑을 많이 받았다. 5층은 큰애 옷, 4층은 둘째 옷, 3층은 셋째 옷, 2층은 막내 옷, 1층은 네 자매의 뽀송한 속옷이 차지하는 다세대 가구였다. 큰애가 시집간 후에는 둘째가 복층 서랍의 주인이 되어 호사를 누리기도 했다. 그런 호사는 둘째가 시집을 갔을 때도 셋째와 막내에게 내리 이어졌다.

딸들이 다 자란 지금, 대추서랍장은 온통 상처투성이이다. 상처 많은 서랍장을 볼 때면, 내 어릴 때 큰언니의 흉터 많던 손이 생각난다. 들일에 바쁜 엄마를 대신해서 온갖 집안일을 깔축없이 해냈던 큰언니는 손등에 늘 크고 작은 상처가 많았다.

가족들과 희로애락을 함께하며, 발목이 바스러지도록 오랜 세월 같이해온 대추서랍장. 바스러진 조각들을 촘촘히 맞추어서 투명 테이프로 싸매준다.

"하늘만큼 고맙다. 그리고 미안해."

'괜찮아, 나도 가족들과 함께 참 행복했어.' 하며 빙그레 웃는 것 같다. 오늘도 큰언니 같은 대추서랍장에 등을 살포시 기댄다. 상큼한 대추향이 코끝에 스민다.

한 장의 타임캡슐

"아이고 시상에나, 요 귀여운 놈들 잠 봐라."

그동안 미뤄왔던 사진을 정리한다. 두툼한 앨범도 몇 권 더 준비했다. 긴 세월 가족들의 희로애락을 품고 너덜거리던 앨범도 이참에 바꾸기로 한 것이다. 순서에 밀려서 앨범에 끼이지 못한 것이 더 많다. 봉지에 담긴 채 서랍 속에서 잠자던 사진을 거실에 주르르 쏟아놓는다.

34년의 가족사가 한눈에 밀려든다. 많은 사진 중에서 누르께한 사진 한 장이 눈길을 붙잡는다. 여수시 거문도에서 살 때의 사진이다. 며칠 동안 지짐거리던 봄비라도 개었을까? 너럭바위에 앉은 아이들은 햇살 가득한 봄 마당에 풀어놓은 병아리들 같다. 80년대에 유행하던 파마머리인 나는 티비에서 인터뷰하던 아프리카 루안다여인 같다. 등 뒤로는 바다 물결이 넘실댄다. 사진에서 시원한 물소리가 쏴쏴 들리는 듯하다. 그 끝자락에 거문리마을이 보인다. 우리 가족의 보송한 둥우리가 찡겨 있던 곳이다. 마을 뒷산이 나지막하게 엎드려 바다에 닿아 있다.

사진 속 아이들의 옷차림으로 보아 진달래 만발하는 4월쯤인 것 같다. 검정색 뿔테 안경을 쓴 남편은 필름카메라의 초점을 맞추느라 정신없다. 카메라 초점에 들어앉은 다섯 식솔을 보며 남편은 무슨 생각을 했을까? 서른여덟 살 말단 공복의 어깨가 참 묵직했을 것 같다.

그날은 아이들의 성화로 건너섬 덕촌마을로 봄나들이를 갔다. 덕촌은 거문도에서 손짓하여 부르면 들리는 거리였다. 그래도 할머니 고무신 같은 나룻배를 타야 건너갈 수 있었다. 아이들은 그 나룻배 타는 것을 무척 좋아했다. 그때는 섬 생활이 참 불편했다. 그러나 돌이켜 보면 불편한 농어촌 삶이 유소년기의 딸들에게 정서적으로 좋은 영향을 많이 준 것 같다.

지금은 여수와 거문도 간에 쾌속정이 다녀서 세 시간이면 도착한다. 그러나 우리가 그곳에 살 때에는 일반여객선으로 일곱 시간이나 걸렸다. 섬에서 제일 높은 산에 올라가 사방을 봐도 육지의 끄트머리도 볼 수 없는 깊은 섬 거문도. 아이들은 옥빛 바닷물에 종아리를 담그며 고둥 줍기를 참 좋아했다.

육지에서의 달과 거문도에서의 달은 사뭇 달랐다. 소쩍새 우는 바다의 봄밤에 뜬 달은 간장이 잦아들게 애달팠다. 여름밤의 달은 젊음을 콸콸 쏟아냈는지 온통 바다를 진초록으로 물들였다. 가을 하늘의 달은 어떠한가? 맑은 달빛은 쪽빛으로 낭자한 바다 위에 혼령들을 살며시 띄워두고 가곤 했다. 얼음처럼 말간 겨울 달은 섬마을의 고샅을 밤이 이울도록 혼자 지켜냈다. 새벽과 저녁이면 포구가 이내로 자우룩했다. 뭉클뭉클 날리는 희뿌연 안개는 아침잠에서 깨어난 바다의 들숨 날숨이었을까?

사진 속의 아이들은 김밥이 든 빨간 가방을 가운데 두고 흐뭇한 표정으로 오보록이 앉아있다. 둘러앉은 너럭바위에 스며든 봄볕의 온기가 지금도 엉덩이에 뭉긋하게 전해오는 듯하다. 파마머리 엄마는 돌배기 막내를 안고 환하게 웃고 있다. 허리가 휘어질지라도 그 순간은 세상에서 가장 행복하던 내 모습이다. 그때보다는 훨씬 풍요로운 요즈음인데도 그처럼 환하게 웃어본 적이 얼마나 될까? 물질의 풍요와 정신의 만족은 비례가 안 된다더니. 눈높이를 그때로 되돌릴 수는 없을까? 사진 속의 막내 얼굴 위로 그 애를 낳을 때의 일이 환등기처럼 돌아간다.

거문도엔 병원이 없었다. 구멍가게 같은 보건소가 섬 주민들의 유일한 의료기관이었다. 산통이 시작되던 그날은 공교롭게 보건소 소장님도 육지로 출타 중이었다. 그리고 남편도 여수 군청으로 사흘간의 출장을 떠난 뒤였다.

진통은 점심때부터 시작되었다. 아홉 살 큰애와 일곱 살 둘째, 그리고 세 살배기 셋째가 끙끙거리는 엄마 곁에 있을 뿐 어른은 없었다. 아이들은 엄마의 신음 소리에 놀란 토끼 눈이 되었다. 지금 생각하면 아찔하다. 어린 것들만 데리고 애를 어떻게 낳으려 했는지. 급기야 겁에 질린 큰애를 앞집 권사님 댁으로 보냈다. 권사님과 목사님 사모님이 단숨에 뛰어왔다. 두 분을 친정어머니처럼 의지하고 열 시간 동안 비지땀을 흘렸다. 나중에는 탈진하여 거의 힘을 쓸 수도 없었다. 사지는 흐물흐물했고, 의식은 더욱 몽롱해져만 갔다. 지금은 아니라지만, 그 때는 서른다섯 살이면 노산(老産)이었다. 의사도 남편도 없는 깊은 섬에서 죽음의 불안도 엄습했다. 어떻게 그 순간들을 보냈는지 모른다. 다음날 희붐하게 동녘이 열릴 때에야 사투는 끝이 나고 있었다. 사진 속의 그 막내딸이 태어난 것이다.

그날의 나의 삶과 죽음은 서로 몇십 년 떨어진 곳이 아니라 바로 코앞에 있었다. 누구에게나 생과 사는 한 치도 안 되는 곳에 있음에도 우리는 그것을 천리만리 먼 것으로 착각하며 느긋하게 살아가고 있지 않을까?

"어머, 예쁜 공주님이네."

사모님의 한 마디가 메아리처럼 너울거리면서 까무러쳤다. 얼마나 지났는지 얼굴에 찬 기운이 스쳤다. 그리고 딸들의 우는 소리가 안갯속같이 희미하게 들렸다. 눈을 떴다. 개미만 한 딸들이 발치에서 울고 있었다. 사모님과 권사님은 기맥이 풀어진 내 팔다리를 주무르며, 간절히 기도하고 있었다. 아이들의 울음소리가 혼미한 정신을 되돌렸던 것이다.

출산 후 하혈이 심했는데, 대책 없이 혼수상태로 한 시간가량 사경에서 헤맸던 것. 나중에 보건소장 말로는, 난산으로 긴 시간 하혈까지 했으니 치명적이었다고 했다. 그러나 지금까지 이렇게 숨을 쉬고 있으니 기적이 아니고 무엇이랴. 정신을 차리고서야 강보에 싸인 막내가 눈에 들어왔다. 넷째 딸로 세상에 나온 아이…. '아들 못지않은 딸로 키우리라.'

엄마의 온기를 기다리던 흑진주 같은 눈동자를 들여다보며 가까스로 젖을 물렸다. 본능처럼 젖을 꼭 물고 빨아대던 그 작은 혀의 감촉이라니. 세상에서의 첫 배를 채우는 막내를 내려다보며 가슴 싸했던 일이 어제 같다. 내 키보다 훨씬 커버린 막내. 흑진주 눈을 가끔 들여다본다. 창조주께 감사한 마음을 보내면서….

빛바랜 사진 한 장은 타임캡슐이 되어 긴 세월을 오르내린다. 속도를 가늠키 어려운 초고속이다. 복닥거리던 그 무렵이 꿈결처럼 아슴푸레하다. 사진 속의 허리가 휘엿하던 엄마 곰은, 훌쩍 장성한 딸들을 바라보며 팔불출이 되어간다.

그 사진을 머리말에 두고 내 생의 강줄기를 은어처럼 거슬러 가끔씩은 뒤채어본다.

방범등과 마음샘

축구공만 한 까만 눈이 줄곧 쫓아온다. 뒤를 돌아본다. 키다리 같은 버팀목 우듬지에 큰 눈알이 디룽거리고 있다. 그런데도 그 눈길은 빠른 걸음에 맞추어서 무섭게 따라온다.

아침에 집 근처 만석공원에 나갔다. 짱짱하게 늙어가기 위해서 시간을 정해놓고 한 시간씩 걷는다. 다짐했으면 걷는 것이 일과 중에서도 우선이 되어야 하는데, 매번 다른 일에 그 순위를 빼앗기곤 한다. 며칠 만에 풀어진 마음을 잡도리하듯이 운동화 끈을 조인다.

여느 때처럼 포장된 공원길을 버리고, 흙 마당인 축구장 둘레를 걷기 시작한다. 그런데 저만치 앞에, 못 보던 친구가 정중

서 있다. 훤칠한 키에 큰 눈을 부릅뜨고 마치 축구장의 주인이 라도 되는 듯 떡 버티고 섰다. 가슴에는 주장 선수 팔뚝의 안 장처럼 노란 띠를 달고 있다. '방범용 CCTV'라고, 제법 믿음직 스럽다.

올여름 어스름 밤에 이 공원에서 학생들의 폭력사건이 있었 다. 그래서 늦게나마 수원시에서 튼실한 지킴이를 세운 듯하 다. 장소가 넓어서인지, 주택가 골목에 달려있는 것과는 크기 가 사뭇 다르다. 외눈박이 까만 눈알이 유난히 크다. 공원 안 에 개미 기어가는 것까지도 지켜볼 수 있을 것 같다. 그 앞을 지나가는데 괜스레 어깨가 움츠려진다. 모자도 똑바로 쓰게 된다.

동방예의지국이었던 이 나라, 백의민족이 살아가는 이 땅에, 어쩌다가 이런 지킴이까지 세워져야 하는 걸까? 오늘 아침 신 문에는 '남양주 H 아파트 5개 동 416가구에 CCTV를 96대 설 치'라는 기사가 실려 있다. 그 숫자를 늘린다고 과연 범죄 없는 사회가 이루어질까? 언제부터인지 사람들은 점점 양심의 눈을 감아가고 있다. 어떤 이들은 양심을 모두 내버린 채 시골 들녘 을 옴시레기 훑어가는 사람도 있다.

작년 가을에 전라도 여천에서 있었던 일이다. 온전한 마음 을 팽개친 사람들이 가을 들녘을 삽시간에 돌아쳐 갔다. 그들은 먹빛 같은 밤을 타서, 밭둑에 트럭을 대놓고, 고추와 마늘, 참깨까지 털었다. 그런 일은 그 마을뿐이 아니었다. 가을이면 시골 동네 여러 곳에서 그런 경우가 자주 일어났다. 그래서 이장님들이 '들녘에도 CCTV를 세워 달라'는 건의를 누차 했다고 한다. 열 길 물속보다 더 깊은 한 길 사람의 '마음샘'에 말갛게 반짝이던 양심의 눈들이 삭아지고 있는 것이다.

50여 년 전, 우리 언니 오빠들이 한창 클 때의 일이다. 호롱불 앞에 둘러앉아 밤새워 수를 놓던 언니들은, 보리누름에 익어가는 참외 냄새의 유혹을 떨쳐버리지 못했다. 수틀을 접어놓고, 어스름 달빛을 좇아 참외밭으로 줄줄이 고양이 발걸음을 했다. 댕기 머리 언니들은 쪽빛 모시 치마폭에 옹골지게 참외 서리를 했다.

긴 겨울밤, 서당에서 낭창하게 글을 읽던 오빠들은 출출한 시장기를 누르지 못하고, 동네 울타리 밑 개구멍을 기어 드나들며 닭서리를 했다. 그래도 거기에는 나름대로 불문율이 있었다. 참외든 수박이든 먹을 만큼만 취했다. 처녀들의 치마폭에 싸 올 만큼의 적은 양이었다. 닭서리도 한 마리 정도가 고작이었다. 그래서 어른들은 다 알면서도 내 자식이려니 하며 서로가 눈감아주었다. 양심을 오롯이 내다 버린 요즘의 차떼기와는 사뭇 달랐다. 그때의 재미났던 '서리'는 배고픈 시절에 젊은이들의 하룻밤 즐거운 놀이였다.

농부들의 한 해 농사를 한밤에 모두 털어버리는 요즘 세상과는 차원이 한참 다른 이야기이다. 머지않아서 시골의 정겨운 들녘에까지 멀대 같은 장대 끝에서 검은 눈이 번뜩이게 될 것 같다. 이방인 같은 CCTV가 들판 가운데 우줄우줄 서 있을 생뚱맞은 풍경은 상상하기도 싫다.

우리는 조물주에게 지음 받은 '마음샘' 하나 정갈하게 지켜낼 수 없을까?

운동을 마치고 돌아오는데, 방범등이 아파트 입구에서 주먹만 한눈을 굴리고 섰다. 뒤통수에 차지게 묻어오는 눈길을 손사래 치며 엘리베이터를 탄다. 비좁은 엘리베이터의 천장에서 왕방울 같은 까만 눈이 이제는 마음속까지 들여다본다.

동부 알갱이 쪽방 시절

팔순 어머니와 함께 동부를 깐다. 어머니는 가마니 가득한 메주콩보다도 소쿠리 남실하게 차오른 동부 알갱이를 더 옹골지다고 한다. 바리데기가 효자라며….

동부는 자랄 때 따로 밭을 차지하지 않는다. 바쁜 일손 빌어 김을 매달라고도 않는다. 또, 기름진 거름을 요구하지도 않는다. 그저 잡초 더부룩한 밭둑에서 뭇발에 채이면서 제 몫을 튼실하게 해낸다.

어머니는 햇발 고운 봄이면 밭둑 가장자리에 씨동부를 꾹꾹 눌러 심는다. 그런 다음은 싹이 나는지, 잎이 돋는지, 꽃이 피는지, 관심을 쏟지 않는다. 비좁은 밭둑은 불평 없이 씨동부를 품어서 싹을 틔우고 젖을 먹여 길러 낸다. 어머니의 마음은 온통 넓은 밭에 줄지어 사열하는 콩, 깨, 고추에만 가 있다. 때맞추어 김을 메주고, 병충해 예방약을 살포해주기도 한다.

그런데 동부는 그중에 한 가지도 해주는 것이 없다. 그래서인지 동부는 부모 손맛도 못 보는 고아처럼 사랑에 목말라 아무에게나 엉겨붙는다. 억새와 엉겅퀴도 넝쿨손을 내밀어 보듬는다. 이웃들을 휘감으며 어리광을 부린다. 동부는 붙임성이 참 좋다.

동부는 엉겅퀴의 보랏빛 꽃 밑에 숨어서 '바라봄의 법칙'에 따른 것처럼 연보랏빛 꽃을 피운다. 밤새 흘러내린 이슬로 갈증을 달래며 꼬투리를 맺는다. 꼬투리는 밭둑에 물엿처럼 고이는 삼복의 햇발을 빨아먹고 길쭉한 배를 불려 간다. 그렇게 동부는 골짜기 자욱이 몰려오는 소나기와 노도 같은 태풍에도 '죽으면 죽으리다.' 넝쿨손은 굳세게 억새를 휘어잡는다.

동부는 가을 뙤약볕에 만삭된 배를 이기지 못하고 밭둑에 나뒹군다. 어머니는 칼국수 가닥 같은 동부 가닥에 그때서야 눈길을 준다. 홍고추를 따고, 메주콩을 거두며 막간에 쉬는 자투리 시간으로 동부에게 인심을 쓴다. 갈퀴 같은 손으로 동부 넝쿨을 이리저리 들추다가 '올해는 벌레도 안 먹고 잘 영글었다'며 뒤늦게 치사가 곁들여지기도 한다. 칭찬에는 고래도 춤춘다 했던가? 그럴 때면 동부는 불룩한 배를 으쓱 내민다.

고부가 자리를 잡고 툇마루 가득 부어놓은 동부를 깐다. 기다란 꼬투리 안에서 똘똘한 알맹이가 씨눈을 곱게 감은 채 칸칸이 앉아있다. 동부 알맹이들은 갑작스런 인기척에 또글또글한 얼굴을 내민다. 이웃 간에 경계를 짓고, 막을 사이에 둔 열두어 개의 알갱이들은 다둥이 형제 같기도 하고, 우리 아이들이 어릴 때 살던 쪽방과도 같다. 꼬투리 속을 들여다보고 냄새도 맡아본다. 쪽방 같은 동부 꼬투리 안에 고물거리던 아이들이 보인다.

우리 아이들이 유·초등학교 다니던 20여 년 전이다. 우리 여섯 식구는 전남 여천군에서 수도권(수원)으로 진입했다. 남편의 직장을 따라 대이동을 했던 것. 동부 알갱이만 한 딸 넷을 어디에다 풀어놓을지 막막했다. 시골에서 계절 따라 청정 햇볕 배불리 먹고, 잡초 속 동부처럼 자유롭게 자라던 아이들이다.

우여곡절 끝에 팔달산 밑에 허름한 단층집으로 이사할 수 있었다. 여섯 식구 살기엔 턱없이 좁았지만, 지하방이 아니라 다행이었다. 아주 좁장한 흙 마당도 있었다. 마당가에는 앵두나무와 살구나무, 등나무, 라일락이 있어서 봄에는 화사한 꽃 잔치가 열리곤 했다. 아침마다 햇살 실린 꽃가지 위엔 팔달산 까치가 오르내리며 깨작대곤 했다.

아이들은 맑게 토해내는 까치 소리를 마시며 키를 더해갔다. 마당 한쪽에는 상추, 쑥갓도 심었다. 작은 마당은 우리 아이들의 생태학습장이 되었다. 나무 밑은 개미와 공벌레, 무당벌레들의 놀이터였다. 다섯 살 막내는 공벌레를 고사리손에 올려놓고 쥐락펴락 놀려댔다. 친구처럼 무서움이 없었다.

연보랏빛 등꽃이 만발하면 화관을 엮어 자매들끼리 서로의 머리에 씌워주기에 바빴다. 시골 아닌 시골 같은 집에서 아이들은 다른 생명체와 함께 살아가는 법을 배웠다.

지금은 쾌적한 아파트에 살지만, 우리 아이들은 수원 고등동의 그 쪽방과 흙 마당이 좋았다고 한다. 화장실이 마당가에 있고, 비좁은 곳이었지만, 아이들은 불편했던 기억보다도 흙 마당에서 개미와 놀았던 기억을 생생하게 떠올린다.

오늘 동부 꼬투리 안의 토실한 알갱이에서 쪽방 시절, 네 딸들의 고만고만한 얼굴을 본다.

저 아이들이 이제는 알까

"엄마, 이불이 참 가볍고 포근해요. 얼굴을 이불에 대면 눈꺼풀이 바로 내려와요."

요즘 포근한 솜이불을 덮는 딸들의 행복한 비명이다.

35년 된 결혼이불을 작년 가을에 재생작업을 거쳐 푹신한 구름 이불을 만들었다. 오래전부터 계획하고 있었지만, '내년에 하자' 하며 몇 년을 미루어왔던 것. 그런데 광주에 사는 큰언니 집에 다녀온 뒤, 용기를 내어 일을 벌였다.

언니는 시집갈 때 지어간 50년 된 솜이불을 새로 만들었다. 살구꽃 무늬가 들어간 화사한 이불이었다. 언니는 그 이불을 살포시 덮어주며, 솜이불 무겁다고 버리지 말고 새로 만들어보라고 했다. 친정 엄마 같은 칠순의 큰언니. 그날 밤 꽃이불을 덮고, 창이 희부옇게 밝아오도록 이야기꽃을 피웠다. 우리 자매는 유년시절 함평 초가집에서 생솔가지가 타던 아궁이의 매캐한 연기에 눈물 콧물 흘리던 기억을 오롯이 갖고 있다.

땔감이 귀했던 그 시절, 방은 몹시 추웠다. 위풍도 무척 센지라 새벽이 되면 물 사발이 얼어있었다. 그래서 그 무렵에 가장 소중한 혼수는 지금처럼 냉장고, 티비 같은 전자제품이 아니었다. 오로지 이불을 몇 채나 싣고 가느냐가 중요했다. 많이 가지고 가면 온 동네에 혼수 잘해왔다는 소문이 자자했다. 성미 급한 동네 아낙들은 혼수품을 실은 트럭이 동구 밖에 도착하면, 쪼르르 달려나가 이불 보따리가 몇인지 세어보곤 했다. 그만큼 이불의 존재가 혼수에 큰 자리를 차지했다.

마흔다섯에 낳은 손녀 같은 막내딸의 혼삿날을 받아놓았다. 흰머리 성성한 아버지는 함평 문장의 5일 장터에서 목화를 사 나르기 시작했다. 아버지는 장사꾼을 마다하고, 가정에서 나오는 좋은 것을 사려고 새벽부터 장터 길목에서 몇 장째 기다렸다. 그렇게 장날마다 사서 모은 목화송이는 마루에 산더미처럼 쌓였다. 목화는 솜 트는 기계를 거쳐나오면, 쪽빛 가을 하늘의 하얀 뭉게구름 같았다. 햇솜은 눈이 시리도록 하얗다 못해 푸른빛이 났다.

새색시 이불은 날을 받아서 지었다. 오랜 세월 한학(漢學)을 하신 아버지는 닳고 닳은 주역(周易) 책을 뒤적여서 좋은 날을 택했다. 그 길일에는 온 동네 아낙들이 모여들었다. 그들은 눈부신 햇솜 갈피마다 갖가지 덕담을 끼워 넣으며 오색실로 정성껏 꿰맸다. 솜을 고르게 펴서 솜 싸개로 싸고, 원앙을 수놓은 공단 폭을 이어붙였다. 그리고 마을에서 자녀를 많이 낳고 다복한 아주머니가 마지막 이불깃을 달고, 꿰매면 신부의 화사한 이불은 완성되었다.

그날은 잔칫날이 되었다. 어머니는 가마솥에 대추콩을 다문다문 놓아 고슬고슬한 쌀밥을 지었다. 함지박에 밥을 푸고, 살얼음이 떠있는 동치미를 자배기에 담아냈다. 머리에 솜털을 하얗게 뒤집어쓴 아낙들은 수다를 떨며 밥과 동치미를 맛있게 해치웠다.

요즈음은 그런 아름다운 풍경을 어디에서도 볼 수 없다. 휘황찬란한 이불 집에 가서, 알 수 없는 누군가의 손끝으로 꿰맨 완성품을 즉석에서 산다. 이불 보따리는 들고올 것도 없이, 세련된 포장을 입고 집 현관까지 배달된다. 바쁘고 편하다는 핑계로 아름다운 풍습들이 우리 곁에서 참 많이 간소화되는 것 같다. 씁쓸하다. 하지만 나의 두 딸을 시집보낼 때도 어쩔 수 없이 편한 쪽을 택하고 말았다.

긴 세월 주야장천 장롱 속에서 잠자던 혼수 이불이 이제야 임자를 만났다. 함평 초가지붕 위에 쌓인 눈처럼 두께가 한 뼘이나 되는 솜이불을 끌어냈다. 홑청과 솜 싸개를 옴시레기 벗겼다. 솜 갈피에 깃들어있던 동네 아낙들의 덕담 조각들이 오르르 달려나와 귀청을 흔드는 것 같다. 다져진 누런 솜 위에는 어린 딸들이 밤마다 오줌으로 그려놓았던 세계지도가 여기저기 선명하다. 하룻밤에 천기저귀를 몇 번씩 갈아 뉘었지만, 솜이불은 철벅하게 젖고 마르기를 거듭했던 것이다. 그리고 함박눈이 온 대지를 덮을 때 미지근한 연탄아궁이 방 아랫목을 훈훈하게 했었지. 그렇게 올망졸망한 아이들을 오보록이 품어주었던 솜이불.

정든 솜이불은 열일곱 번의 이사길에 1순위로 이삿짐 차에 실렸다. 트럭 아저씨들이 '무슨 이불이 이렇게 무거워!' 하고 퉁명스럽게 내뱉곤 했다. '언젠가는 내가 날씬하게 만들어줄게.' 과체중인 이불을 달래면서 지금까지 동행했다. 그러다가 이참에 용기를 내어 대수술을 한 것이다.

낡은 허물을 벗은 묵은 솜은 참 낯설었다. 햇솜 때의 눈부시던 흰 빛은 가뭇없고, 서른다섯 해 세월의 더께가 솜 갈피에 두껍게 내려앉아 있다. 흡사 볼품없이 변해버린 내 모습 같기도 하다. 얼른 뭉뚱그려 비닐에 싸서 솜 트는 집으로 내달았다. 누렇게 다져진 솜은 솜 트는 기계를 통과하면서 푹신한 새 솜이 되어갔다. 내친김에 솜을 싸고, 홑청도 직접 만들어 씌우며, 예전에 동네 아낙들의 흉내를 내보았다.

동대문시장 포목점에서 앙증맞은 들꽃무늬 원단을 끊어왔다. 오색실도 구입했다. 이렇게 해서 거실은 일명 '엄마네 공방'이 되었다. 출가한 딸들은 주말이면 공방으로 출근해서 손을 보탰다. 대자로 재어 재단을 하고, 올이 풀리지 않게 오버록을 치고, 폭을 잇고, 지퍼를 달았다. 재봉틀은 며칠 동안 밤낮으로 달달거렸다. 네 채나 되는 포근한 구름 이불이 완성될 때마다 딸들은 환호성을 질렀다. 아이들은 직접 만든 이불을 덮는 느낌과 촉감이 이불가게에서 산 것과는 확연히 다르다고 친구들마다 자랑을 했다. '엄마네 공방'에서 세 모녀가 재봉틀을 돌리던 재미난 시간들도 자랑 속에 보석처럼 끼워 넣는다.

일을 시작할 때는 '엄마, 그런 일을 굳이 하려고 해요. 이불집에 가면 예쁜 게 얼마나 많은데, 낡은 이불은 그냥 버리세요.' 하던 신세대 딸들이다.

'저 아이들이 이제는 알까? 옛것이 얼마나 소중하다는 것을.'

수세미의 성품

"웬일이야! 제법이네."

선반에 밥공기는 도래도래 모여 앉은 초가지붕처럼 엎어져 있고, 접시는 얄포름한 몸매를 뽐내며 줄 맞춰 서 있다. 건조대에도 빨래가 가지런히 널렸다. 그런데 가스레인지는 본래의 얼굴이 아니다. 가스 덮개와 삼발이, 그리고 상판이 국물로 덧칠해져 있다. 며칠 동안 넘친 국물이 차례로 들러붙어 자유를 만끽하고 있다. 된장 국물과 라면 국물, 종류별로 널찍하게 자리를 잡고 있다. 수세미 군단을 총동원해야 할 것 같다.

지난 한 주간 추수하러 여천에 다녀왔다. 수원의 집에 돌아오니, 혼자 남은 딸이 바쁘게 나부댄 흔적이 집안 곳곳에 남아

있다. 현관에 슬리퍼는 오른쪽과 왼쪽이 바뀌어 엎어진 채 나뒹군다. 딸의 침대 위에는 추리닝이 사지를 제멋대로 펴고 체조를 하고 있다. '그래, 깨워주는 엄마 없이 아침밥 챙겨 먹고, 화장을 하고 출근하느라 어지간히도 바빴겠지.' 거실과 주방을 다람쥐처럼 휘둥거렸을 아이의 모습이 선하다.

팔을 걷어붙인다. 수세미 바구니의 수세미를 모두 꺼낸다. 그물수세미, 손뜨게수세미, 깔깔이수세미, 철수세미 등이 앞다투어 오르르 몰려나온다. 가스레인지에 물을 살짝 뿌려 불린다. 박박 문질러도 흠집을 남기지 않는 그물수세미를 먼저 잡는다. 반쯤 벗겨 내니, 그물수세미는 힘이 거기까지라며 미안한 기색이다. 다음은 깔깔이가 나선다. 그 또한 다 지우기는 역부족이다. 깔깔이는 뒤로 물러서며, 눈빛 번뜩이는 큰형님인 철수세미에게 부탁한다. 철수세미는 그때까지 남아 있는 악바리 더께에 최후 공격을 가한다. 제아무리 악바리라도 철수세미 앞에서는 초토화된다.

하트 모양의 손뜨게수세미는 축 늘어져 더욱 힘겨워한다. 솜씨 좋은 윤 권사님으로부터 선물 받은 것이다. 너무 앙증맞아서 사용하지 못하고 싱크대 위에 걸어두고 보기만 했던 수세미이다. 오늘은 이들까지 모두 내려와 일을 거든다. 내친김에 냄비까지 닦는다. 누르께하던 냄비들의 밑짝이 반짝반짝 말갛다.

시골 가는 날 아침에 태웠던 돌솥도 때를 벗는다. 가슴 속까지 뽀송하다. 일 끝내고 나란히 누워 있는 알록달록한 수세미 위로 50여 년 전에 놋그릇 닦던 언니들의 모습이 어른거린다.

그때는 지금처럼 여러 가지 편리한 수세미가 없었다. 농가마다 짚수세미를 많이 썼다. 종가(宗家)에 제삿날이 돌아오면, 큰집과 작은집 시누이와 며느리들이 총동원되었다. 마당에 멍석을 깔고, 한 바지게나 되는 놋그릇과 놋수저를 닦았다. 짚불을 때서, 그 재를 삼태기에 가득 담아 멍석 한가운데 놓았다. 그리고는 볏짚으로 만든 수세미를 물에 적셔서 재를 한 움큼씩 묻혔다. 놋그릇 안팎을 얼굴이 비치도록 짚수세미로 닦아냈다. 한겨울에도 콧잔등에 땀방울이 송알송알 맺혔다.

시누이와 올케들의 들꽃 같은 수다와 웃음소리는 옴막한 놋그릇들을 채우고, 울 너머까지 왁자하게 퍼졌다. 푸르딩딩하던 놋그릇에 얼굴이 비칠 때쯤이면, 짚수세미는 모든 것을 내려놓았다. 꼿꼿하던 짚수세미는 혼절하여 명주실 타래처럼 되었다. 여인들의 손은 물에 통통 불었다. 봉숭아 물 곱게 들인 손톱 밑에는 까만 잿빛 물까지 들었다. 그날 밤 내내 시누이와 올케는 호롱불 아래서 동동구루무가 바닥나도록 손을 다듬곤 했다.

큰언니는 투박한 가마솥 옆에 항상 튼실한 짚수세미를 두었다. 우리들의 간식거리 누룽지를 한 바가지 훑고는 짚수세미가

다 풀어지도록 박박 문질렀다. 그리고는 들기름 수건으로 솥뚜껑과 솥전을 마무리했다. 가마솥은 파리가 미끄러지도록 윤기가 자르르했다. 김을 뭉글뭉글 피워내는 가마솥은 보는 것만으로도 시장기를 누그러뜨렸다.

목단 꽃무늬 화사한 할머니의 사기(沙器)요강도 짚수세미로 닦았다. 아침마다 요강 밑바닥에 끼는 버캐를 닦았다. 그 일은 대부분 손녀인 내 몫이었다. 정말로 싫었다. 그러나 할머니가 잔칫집에 다녀오실 때면, 맛난 유과며 강정을 손수건에 챙겨서 오빠들 몰래 안겨주시는 그 고마움에 비하면 아무것도 아니다.

짚수세미는 거칠고 질박한 성품의 큰오빠 같다. 큰오빠는 연로하신 아버지의 자리를 대신할 때가 많았다. 운동회 때면 달리기 결승선 옆에서 마음을 자글자글 졸였고, 중고등학교 입시를 치를 때는 찬바람에 홍시가 된 귓불로 교문 앞에 서 있기도 했다. 큰오빠는 생각만 해도 온돌방 아랫목처럼 늘 뭉근하고 훈훈하다.

주방과 가스레인지를 닦느라 인사불성인 수세미들을 끓는 물에 삶는다. 수세미를 볕 바른 베란다 바구니에 가지런히 뉜다. 이들의 모지라지는 희생 없이 주방기구들이 어찌 반짝거릴 수 있을까?

호박고구마

호박고구마를 한 솥 쪘다. 껍질이 툭툭 터져 실금을 그었다. 미농지 같은 빨간 옷을 벗고 노란 속살을 수줍게 드러낸다.

식량이 귀하던 시절, 농촌에서 겨울철이면 집마다 수숫대로 엮은 고구마 두지가 골방 한쪽을 차지했다. 겨울이 지남에 따라 그득했던 고구마는 점점 줄어서 수숫대 두지가 홀쭉해졌다.

겨울밤이면 너나없이 가마니를 짤 새끼를 꼬았다. 출출하기 그지없던 그런 밤에 눈 속에 묻었던 생고구마를 깎아 먹으면 어찌나 달고 아삭하던지. 지금도 그때를 생각하면 언니 오빠들의 왁자하던 웃음소리가 들리는 듯하다.

맛난 먹을거리 속에 묻혀 사는 요즘 아이들은 가을 들판의 참새떼 같다. 사 먹을 수 있는 것들이 들판의 알곡처럼 널려있으니 귀한 것이 없다.

예전에는 고구마 하나를 먹으려 해도 허기진 봄날과 천둥 번개 치는 여름을 지나야 했다. 그래야 가을이 고구마를 갖다 주었다. 그래서 그 시대의 아이들은 매사에 서둘지 않는 여유가 자연스럽게 몸에 배었던 것 같다. 인스턴트에 맛 들인 요즘 아이들에게는 그런 여유로움이 깃들일 틈이 없다. 계절을 초월해서 언제든지 먹을 수 있으니.

산업사회에서 어쩔 수 없는 일이지만 아이들에게 할 수만 있다면 흙과 가까이하는 기회를 갖게 해주면 좋겠다. 흙이 모든 생명의 어머니라는 사실을 알게 될 때 아이들도 흙처럼 보드라운 천성을 지니게 되지 않을까 싶다.

고구마는 가을에 호미를 들고 캐는 재미가 참 쏠쏠하다. 햇볕과 양분의 통로인 잎줄기를 먼저 걷어낸다. 그러면 금이 쩍쩍 벌어진 두룩이 드러난다. 심마니가 되어 호미로 벌어진 틈을 살살 연다. 자칫 서둘다가는 호미 끝이 고구마의 살점을 얀정없이 찍는다. 찍혀나온 살점에서 하얀 피 같은 고구마 진이 주르르 흐른다. '아이고, 어떡해.' 속물인 나는 안쓰러움보다는 아까운 마음이 더 크다. 번뜩이는 호미 날을 피하며 고구마가 흙 속에서 홍조 띤 얼굴을 살짝 내민다. 손에 쥘 만하게 드러나면 호미를 놓고 쑥 뽑는다. 고구마는 뚝 소리를 내며 통통한 몸을 드러낸다. 밭고랑마다 수북이 쌓여가는 빨간 고구마. 봄부터 땀 흘리던 고달픔이 싹 달아난다.

고구마의 볼록한 배 속에는 후끈한 지열과 햇볕, 바람과 이른 비, 늦은 비가 스며있다. 무강에서 자란 한 뼘의 줄기가 그것들을 버무려서 몸피를 키우려면 자그마치 두 계절을 지나야 한다. 한 뼘 줄기에 실뿌리로 생성하여 엄마의 자궁 같은 흙 속에서 140여 일 동안 몸피를 불린 고구마. 고구마가 통통한 몸매를 땅 위로 드러낼 때는 그 온화한 자궁을 벗어나 눈부신 세상으로 나오는 순간이다. 땅속에서 탯줄 같은 실뿌리가 뚝 끊어지는 소리. 그것은 산고 끝에 들리는 신생아의 첫 울음소리인가?

빨간 몸에 하얀 털 뿌리가 숭숭 나 있다. 이들 잔뿌리는 고구마가 자라는 데 혁혁한 공신들이다. 잔뿌리 또한 흙의 보살핌 없이 어찌 그런 공로자가 될 수 있으랴.

고구마 수확을 위해서 이른 봄부터 준비를 했다. 자배기에 흠 없는 씨고구마를 담고 고운 흙을 폭신하게 덮어 방 윗목에 두었다. 입춘이 지나면서 그 속에서 보랏빛 고구마 움이 오보록이 올라오며 수다를 떨었다. 보랏빛 새순을 관처럼 머리에 인 씨고구마를 그때부터 '무강'이라고 부른다. 무강을 촉촉한

텃밭으로 옮겨심었다. 보랏빛 새순은 그곳에서 활개를 펴고 진초록 줄기로 죽죽 자랐다. 한 발, 두 발, 세 발.

다 자란 줄기를 베어서 다시 한 뼘씩 잘랐다. 유월 모종비가 올 때 밭에 두룩을 치고 짤막한 줄기들을 옮겨 심었다. 보름쯤 지나면 그 줄기 끝에서 실뿌리가 돋아 착상을 하게 된다.

태아 같은 실뿌리는 긴 여름, 찌는 듯한 지열 속에서 몸피를 키운다. 실고구마는 흡사 배고픈 아이 같다. 엄마 가슴을 풀어헤치고 불은 젖을 힘껏 빨아대는 것이다. 흙의 가슴을 통해 스며든 단비와 양분을 거의 다섯 달 동안 세차게 빨아먹는다.

그렇게 자란 고구마의 두루뭉술한 몸매는 구릿빛으로 탱탱한 시골아낙네 같다. 앞태도 뒤태도 그만이다. 오동통한 몸을 씻어 찜솥에 나란히 올린다. 그러면 찜질방이라도 간 것으로 착각하는지, 뜨거운 김 위에서 온몸의 긴장을 풀어 붉디붉다. 흡사 찜질방에서 불콰한 내 몸처럼.

그저 미농지 같은 야시시한 옷을 벗고 무지렁이 인생에게 보시를 하는 고구마가 경외스럽기까지 하다. 어디 그뿐인가? 고구마튀김, 고구마경단 등의 또 다른 맛으로 주인의 구미를 돋우기 위해 아낌없이 자신을 던진다.

파르르 떠는 맨몸의 먹이를 눈여겨본다. 바동거리는 꽃사슴을 눈앞에 둔 하이에나처럼. 순간 아주 미미한 심안(心眼)이

볼록렌즈가 된다. 그러나 어찌하랴. 탱탱한 시골아낙네의 근육을 덥석 베어 물 뿐이다.

이 염치없는 무지렁이는 오늘 고구마의 천적이 된다. 또 하나의 갚을 길 없는 업을 짓는다.

새알죽을 아시나요?

그날도 오늘처럼 함박눈이 내렸다. 동짓날이었다. 육남매는 오늘 우리 아이들처럼 손 모아 새알을 빚었다.

50여 년 전, 전남 함평군 금곡마을의 고샅 끝에 자리 잡은 초가삼간이다. 시누대울타리로 옴팍하게 둘러쳐진 흙담집. 장지문 틈새로 쏟아져 나오는 살구꽃 같은 웃음소리가 들릴 때마다, 자그마한 동네 고샅 끝에 송이버섯 같은 초가가 들썩거렸다. 반백년의 세월을 훌쩍 넘은 이순(耳順)의 지금도 눈과 귀에 아슴하게 다가온다.

언니들의 수다로 됫박만 한 방이 터져나가도록 재미날 때, 어머니는 고추바람 드나드는 부엌에서 생솔가지와 삭정이 불쏘시개로 아궁이에 불을 지폈다. 부엌이 냇내로 자욱해지면, 드디어 빚어놓은 새알을 끓는 팥물에 넣고 한소끔 끓였다. 새알은 우주 같은 가마솥 안에서 육남매의 하얀 꿈방울로 동동 떠올랐다.

어머니는 빛발이 성글어지는 해거름에 팥죽을 함박에 퍼들고, 어머니의 제단인 장독대와 집 둘레를 돌아가며 팥죽을 구석구석 뿌렸다. 그저 간절한 소망으로 자식들의 앞날에 잡귀들의 방해를 받지 않고 순탄하기를 바라는 어머니의 정성이었으리라. 이제는 그 그림자마저 뵐 수 없지만, 무명치마 질끈 매고 가마솥에 새알죽을 끓이던 어머니 모습이 눈에 보이는 듯하다.

올해도 동짓달은 어김없이 찾아왔다. 우리 가족은 오붓하게 모여 동짓날의 이벤트를 즐긴다. 이제는 내가 어머니가 되어 옛 친정어머니의 기억을 우려낸다.

쩡쩡한 겨울 하늘은 어제부터 눈(雪)을 구워내고 있다. 동짓날에 맞추어 하늘은 눈 창고라도 열어젖힌 듯 새벽부터 함박눈이 쏟아진다. 아침 설거지를 마치고 가까이서 둥지를 틀고 사는 딸들을 부른다.

머리에 함박눈을 흠뻑 뒤집어쓴 딸들이 상글거리며 들어선다. 소녀처럼 달떠 보인다. 평소에는 삶에 쫓겨서 자주 모이지 못한다. 오랜만에 모인 딸들의 왁자한 웃음소리가 귓가에 옹골지게 붙는다. 그래, 이런 웃음이 있어서 자매간 우애가 도타워지는 것이지.

어떤 친구는 까짓 거 한 사발 사 먹지, 나이 들어가면서 그걸 귀찮게 왜 하느냐며 핀잔을 주기도 한다. 그러나 조금 힘들어도 할 수 있는 동안만큼은 딸들과 이 놀이를 계속하고 싶다.

전라도에서는 옹심이를 새알 같이 생겼다고 해서 새알이라고 하고, 동지팥죽을 새알죽이라고 한다. 새알죽은 통쌀을 넣지 않고 건더기를 온통 옹심이로 한다. 딸들은 어릴 때부터 그 쫀득한 새알죽에 입맛이 배어있다. 통쌀이 주가 되고, 옹심이는 십 리 가다 하나씩 떠 있는 경기도식 동지죽은, 죽도 밥도 아니라며 마뜩잖아한다. 그래서 우리는 수원으로 이사 온 지 25년이 되도록 동짓날엔 새알죽을 끓여오고 있다.

그런데 새알을 빚을 쌀가루에 찹쌀가루를 조금 섞으면, 죽이 식은 후에도 옹심이가 굳지 않고 쫄깃하다. 반죽할 때는 팔팔 끓는 물로 익반죽을 해서 마르지 않게 비닐이나 가제 물수건으로 촉촉하게 싸둔다. 그렇게 물기를 머금은 반죽으로 새알을 빚으면 바스러지지 않는다. 친정어머니로부터 배운 방법들을 3(代)의 딸들이 달달 외운다. 거기에 친정어머니의 손맛까지 나를 통해 이어진다면 금상첨화가 되지 않을까?

'어머, 나 봐라. 언제 그리 멀리까지 올라갔을까?' 딸들의 제비꽃 같은 수다에 놀라 생각을 떨치고 다시 주방으로 돌아온다. 탑탑한 팥물이 냇내도 없이 쾌적한 아파트 주방의 가스불 위에서 다글다글 끓고 있다. 딸들의 수다로 빚은 옹심이를 살망살망 팥물에 띄운다. 뜨거운 팥물 앞에서 일보의 후퇴도 없이 단호히 뛰어드는 옹심이. 흡사 자식을 위해서는 물불을 가리지 않는 어머니의 마음 같다.

한 해의 희로애락과 아이들의 소원이 새알마다 담겨서 볼록볼록하다. 새해에는 옹심이 속에 담긴 소원들이 싹을 틔우고 줄기를 내어 꽃과 열매로 맺히기를 빌어본다. 시간이 뭉텅 흐르고 내가 떠난 후에도 딸들과 손녀들은 오늘처럼 새알을 빚고 있을까?

창 밖에는 광교산 정수리에서부터 휘몰아쳐 온 함박눈이 훈훈하게 우리 집을 덮어가고 있다.

늙은 호박

김장을 마친 김에 호박죽을 쒀서 이웃과 나눌 요량으로 껍질을 긁어내고 쪼갠다. 벌써 달디 단내가 난다. 흥부네 박처럼 쫙 벌어진다. 열일곱 살 처녀의 속살 같은 빛깔이 맑고 곱다. 아무에게도 내보이지 않은 그 속. 중심부에는 호박씨들이 보석처럼 조롱조롱 매달려있다. 흡사 주렴 같다.

봄날의 소쇄한 햇살과 여름날의 아침 이슬과 가을바람 몇 가닥이 조신하게 키워낸 몸. 속물 같은 내 배를 채우기 위해 호박의 배를 가른다. 눈을 질끈 감는 수밖에.

씨를 추려내고 도톰한 살을 숭숭 썰어 찜통에 담아 가스 불에 올린다. 동부와 팥도 함께 넣고, 이들이 아우러질 때까지 푹 끓인다. 거기에 찹쌀가루를 풀면 윤기나는 누구름한 호박죽이 된다.

호박죽이 맛깔스럽다. 레스토랑의 수프처럼 혀끝에 착 달라붙는다. 밭둑에 쏟아진 가을 햇살에 넝쿨째 어우러져 놀던 호박과 동부, 그리고 팥이 찜솥 안에서 다시 만난다. 며칠 전, 여천 시골집 마루방에 앉아 있던 늙은 호박으로 만든 것인데, 시어머니가 씨받이로 지명해 놓은 맏물 호박이다.

요즘은 호박죽을 별미로 먹는다. 그러나 식량이 부족하던 시절에는 늙은 호박이 겨울철 끼니를 늘리는데 수월찮은 부조를 했다. 그뿐 아니다. 그것을 나박나박 썰고, 삶은 통팥과 쌀가루를 켜켜이 넣어 쪄낸 시루떡은 별미 중의 별미였다. 함박눈 퍼붓는 겨울밤, 오빠들의 서당에서 '책거리 떡'으로 그만이었다. 그때는 서당에서 천자문이나 소학, 명심보감 등 책을 한 권씩 다 배우고 나면, 책걸이를 하는 것이 관례였다. 요사이 치맛바람과는 사뭇 다른 모습이다.

어머니들은 김이 뭉글뭉글 오르는 떡을 시루째이고 서당으로 간다. 서슬 퍼런 동장군도 어머니들의 후끈한 정에는 뒤로 물러선다. 어머니들은 그렇게 훈장님과 문우들에게 마음이 담긴 호박시루떡으로 춥고 출출하던 서당 방을 훈훈하게 했다.

지금의 학교에도 그와 같은 소박한 섬김의 마음이 전해진다면, 학교 폭력이 판을 치고 교권이 흔들리는 위기는 없지 않을까 싶다.

호박꽃의 동글납작한 씨방에는 등잔 속의 기름처럼 말간 꿀이 고여있다. 그래서 백 리 밖의 꿀벌까지 찾아온다고 한다. 고샅을 헤매던 개구쟁이들은 꿀벌이 찾아오기 전에 선수를 친다.

호박꽃은 넝쿨손으로 싸릿대울타리를 꼭 붙들고 올라간다. 연한 넝쿨손은 흡사 능숙한 암벽 등반가와 같다. 어쩌면 그리 용케도 잘 잡고 올라갈까? 개구쟁이들은 양심을 싸릿대 끝에 매달아 놓은 채 꽃 속의 초롱 같은 암술을 똑 떼어낸다. 그리고는 씨방에 말갛게 고여있는 꿀을 앞다투어 빨아먹는다. 그때의 달차근한 호박 꿀맛이라니. 지금도 혀끝에 감긴다.

꽃도 지지 않은 애호박은 여름날의 단출한 밥상에 보리밥과 함께 나물로, 된장찌개로 자주 오르곤 했다. 그런가 하면 늦가을의 끝물은 저며서 건들바람에 말려 쫄깃한 호박말랭이로 갈무리하여 겨울철 찬거리가 되기도 했다. 열매뿐만 아니라 이파리도 한 가지 반찬 몫을 톡톡히 했다. 연한 잎을 살짝 데쳐서 쌈장에 싸면 그 맛도 구수했다.

큰언니는 포플린치마 같은 호박잎을 가마솥 보리밥 위에 좍 깔고 밀개떡을 찌기도 했다. 그 맛은 속이 항상 허추하던 우리들의 허기를 채우곤 했다. 그 옆에서 구경하는 것도 재미있다.

울타리에 너울거리는 잎을 따다가 초벌 불을 땐 보리밥 위에 깔아놓는다. 그리고 그 위에 밀가루 반죽을 좍 붓게 되면 타원형의 모양이 생긴다. 동시에 보릿짚 한 줌을 더 밀어 넣어 불을 때면, 보리밥 위에서 밀개떡이 쫀득하게 익어간다. 어른이나 아이 할 것 없이 보릿고개를 힘겹게 넘던 때라 아이들에게 더없이 반가운 먹을거리가 되었다. 시래기죽과 무밥, 그리고 콩나물죽으로 끼니를 건너뛰는 일이 다반사였으니….

호박은 먹이사슬의 가장 낮은 자리에서 불평 한마디 없이 제 소임을 다 한다. 애호박과 늙은 호박과 끝물로, 그리고 어린잎과 큰 잎으로도….

'호박꽃 같은 여자'라고 에둘러 핍박하는 우리에게 호박꽃은 온몸을 아낌없이 다 내준다. 후덕하게 생긴 만물 호박이 묻는다. '너는 나를 위해 무엇을 내어주었느냐?'고. 그렇다. 호박뿐 아니라, 내가 자연 만물에게 줄 수 있는 것은 한 가지도 없다. 마지막 남기는 한 줌의 가루마저 청정한 자연을 훼손하며 떠날 것 아닌가? 오늘도 위층 할머니에게 호박죽 한 양푼을 떠다 드리며, 늙은 호박이 받아야 할 칭찬을 내가 받는다.

모시 홑이불의 날숨

올해 시월에 둘째 딸 정도가 시집을 간다. 그래서 혼수 준비를 차근차근하고 있다. 큰딸 보낼 때 메모해두었던 것들을 꺼내서 참고한다. 딸 넷 다 보내고 나면 아마 시집보내기 달인이 될 것 같다.

요즈음은 혼수 코너에 가면 수예품이라 할지라도 완성품을 쉽게 구입할 수 있다. 그러나 무엇인가 엄마의 냄새가 듬뿍 스민 것을 해주고 싶었다. 생각 끝에 예쁜 수를 놓아 가슬가슬한 모시 홑이불을 만들기로 했다. 예전에는 수예점에 가면 쪽이불 재료와 색실 등을 손쉽게 구할 수 있었다. 그런데 요즘은 찾는 이가 없어서 그렇게 준비하지 않는단다.

그래서 하나씩 구입하기로 하고, 서울 동대문시장에 들렀다. 오랜만에 보는 동대문시장은 예전과 사뭇 달랐다. 시장의 방대한 규모에 입이 딱 벌어졌다. 3층과 4층은 모두 포목점이었다. 수백 수천 가지의 옷감들이 빼곡히 자리 잡고 앉아있다. 인심이 제일 후해 보이는 아저씨네 포목점에서 생모시베 열일곱 마를 구입했다. 3년 전에 시집간 큰딸 것도 해줄 요량으로 넉넉히 끊었다.

수예점에 들렀다. 누구의 솜씨들일까? 제일 먼저 진열장 안의 쿠션이 눈에 들어왔다. 노송 위에 매초롬하게 앉은 학이 금방이라도 푸드덕 날아오를 것 같았다. 수예점에서 색실도 골고루 샀다. 그런데 문제는 도안이었다.

교보서점 쪽으로 종종걸음을 쳤다. 서점은 마치 수원 종합운동장만 하게 넓다. 어디가 처음이고 끝인지, 서점 안을 돌고 돌았다. 다행히 자수 책 몇 권이 먼지를 뒤집어쓰고 꽂혀있다. 자수 책들은 눈길을 받지 못해 졸고 있다가 화들짝 눈을 뜬다. 꽃무늬 도안이 많이 들어있다. 벌써부터 들꽃 잔잔하게 수놓은 모시 홑이불이 눈앞에 펼쳐지는 듯하다. 홑이불 자락에 어릴 때 함평 문장 장날 포목점 가던 날이 떠오른다.

아홉 살 되는 설날을 보름쯤 앞둔 대목 장날이었다. 동네 친구들처럼 설빔을 꼭 입고 싶었다. 며칠 전부터 어머니 치마꼬리에 매달려 5일 장날에 함께 가기로 했다.

"막둥아, 네 소원 좀 풀어주마. 장에 가자."

반백의 어머니는 손녀 같은 막내딸인 내 손을 붙들고 장터로 향했다. 탱탱한 풍선 같은 마음으로 무명필처럼 하얗게 뻗어 있는 동네 어귀 길을 나섰다. 섣달 막바지 추위의 위세는 대단했다. 불갑산에서부터 내달려온 눈보라는 영광 읍내와 함평들판의 삭풍까지 옴시레기 쓸어와, 가녀린 어머니의 허리와 나의 등판에 얼음처럼 부서졌다. 흰 고무신에 무명버선인 어머니 발밑에서는 뽀드득뽀드득 이 가는 소리가 들렸다. 내 작은 운동화 밑에서도 와사삭 얼음이 부서졌다. 그래도 마음은 오색 비눗방울이 되어 희뿌연 하늘가를 두둥실 날고 있다.

빙판길의 신작로, 어머니 머리 위에는 쌀 한 자루가 중심을 못 잡고 연신 자리를 옮겨 앉았다. 어머니 치마 끝에 매달려 얼어붙은 눈길을 따라갔다. 눈이 소복이 쌓인 신작로는 메밀꽃밭처럼 끝없이 이어졌다. 5리나 되는 길이었다. 그러나 그날은 온통 설빔에 오감이 집중되었다. 춥지도 않고, 멀지도 않았다.

장터에 당도했다. 달뜬 마음은 아랑곳없이 자루의 쌀이 돈으로 바뀔 때까지 싸전 머리에 앉아 하염없이 기다려야 했다. 색동저고릿감과 다홍치맛감이 자꾸만 눈앞에 아른거렸다. 부풀어 오르는 조바심을 꾹꾹 누르며 기다렸다. 자루 속의 쌀이 변하여 돈이 될 때까지….

양지바른 볕에 언 발이 녹을 즈음, 두툼한 털 스웨터를 입은 곱단한 아주머니가 쌀을 사러 왔다. 그녀의 뽀송한 손에서 몇 장의 지폐를 건네받는 어머니의 모지라진 손끝이 어린 마음을 바늘처럼 찔렀다.

주황빛 천막 안에는 색색의 옷감이 쌓여 있다. 그중에 내가 입고 싶었던 색동저고리 옷감이 선연하게 눈에 다가왔다. 다홍색 호박단 치맛감도 그 옆에 얌전히 앉아있다. 큰언니의 옥색 무명저고리 위에 나풀거리던 갑사댕기처럼 고운 색이었다. 반가웠다. 포목집 아주머니는 윤기 반지르르한 까만 머리에 원앙이 새겨진 물빛 비녀를 꽂고 있다. 이윽고 긴 대자로 나붓나붓 옷감을 재기 시작했다. 주욱 끊는 가위질 소리가 자르르 비단결 같았다.

그때 그 긴 대자를 오늘 동대문시장 포목점에서 보고 있다. 작달막한 키에 인심 후하게 생긴 아저씨의 손에 들려 대자가 움직인다. 그 옛날 문장장터의 쪽진머리의 아주머니와는 사뭇 다르다. 그러나 자르르 비단결 같은 가위질 소리는 그때와 흡사하다. 아저씨는 사다리를 타고 올라가서 물건을 찾아낸다. 문장장터 포목점과는 참 다르다. 아저씨가 사다리 타고 찾아온 것은 통으로 말려있는 생모시 필이다. 사르르 풀어내니 마치 어머니 치마폭 같다.

땡볕 사위고 아슴한 하늘에 별들이 눈을 뜰 때였다. 올망졸망 육남매는 애호박감자수제비로 불룩해진 배를 마당가 덕석에 오보록이 뉘었다. 모닥불이 자아내는 매캐한 연기는 긴 머리 풀어헤치고 연신 별들을 삼켰다가 뱉곤 했다.

잠이 눅진하게 묻은 자장가와 함께 땀 절은 생모시베 치맛자락을 살포시 덮어주던 어머니. 반백 머리 위엔 섬진강 같은 은하수를 이고, 이야기 주머니를 밤새 열어놓던 어머니. 그 치마폭에서 배어나던 혼곤한 땀 냄새는 지천명의 삶 속에 끝없는 그리움으로 다가서곤 한다.

그 그리움을 보듬고, 모시 홑이불 네 폭에 나의 냄새를 한땀한땀 수놓아 간다. 활짝 핀 민들레 꽃 속에 솜털 같은 어미의 들숨이 배어있고, 이슬 머금은 나팔꽃 언저리에는 둘째 딸을 떼어 보내는 애틋한 날숨을 켜켜이 얹어두었다. 그리고 앙증맞은 들국화 송이마다 30년 진득한 어미의 정리도 도장처럼 찍어놓았다. 마지막 폭에는 푸른 달빛 아래 설화 만발한 살구나무도 한 그루 세웠다.

몇 해가 지나면 홑이불 밑에는 다람쥐 같은 꼬맹이들이 발을 오종종 모으고 이 외할미 냄새를 맡으며 꽃잠이 들겠지. 아이들의 박속같이 하얀 웃음이 단물처럼 고이고 흐르는 소리가 들리는 듯하다.

구들장의 호젓한 보시

요즘은 내가 그 방을 더 많이 애용한다. 저녁 설거지할 때부터 마음은 벌써 그 방 아랫목에 가 있다. 그릇은 설렁설렁 씻어 엎어놓고 불목으로 기어든다.

시골집의 방들을 오래전에 기름보일러로 개조했다. 그때 소도 없는 외양간 옆 방 하나는 구들장 방으로 남겨두었다. 요즘에는 산과 들에 땔감이 지천인데, 잘한 것 같다. 장작불 한 아궁이 군불로 모아놓으면 아침까지 찜질방이 따로 없다. 바쁜 들일에 녹초가 되었다가도 설설 끓는 구들목에 한숨 쉬고 나면 가뿐해진다.

생각 짧은 나는 남편에게 지금 세상에 누가 매운 연기 뒤집어쓰고 불을 때고 사냐고 불평했다. 집안 살림은 여자의 궁리가 더 낫다고 지저귀다가도, 이번처럼 짧은 안목을 그에게 들키면 영락없이 자라목이 되고 만다.

어느 설날이었다. 발목 복사뼈 언저리를 뜨거운 방바닥에 벌겋게 데었다. 모이는 대가족을 위해 그믐날 음식을 대사 날처럼 장만했다. 그때는 아궁이가 있는 부엌이었다. 어머님과 함께 무쇠솥에 메밀묵을 쑤고, 손두부를 만들고, 시루떡을 쪘다. 하루 내내 장작불을 땐 방은 절절 끓어 발을 디딜 수 없었다.

추운 날씨에 온종일 밖에서 종종거린 나는 초저녁에 뜨거운 방에 몸을 눕히는 순간 '아이고 시원타.' 한 마디를 내뱉고는 내처 곯아떨어졌던 것이다. 새벽녘에야 발이 뜨겁다는 느낌이 온 것이다. 깨어보니 복사뼈 부근이 벌겋게 데어서 물집 잡히기 직전이었다. 몸의 다른 부분이 성한 것은 담요가 깔려있었기 때문이었다. 잠결에 발을 담요 밖으로 차 낸 것이 화근이었다. 그야말로 구들장 방에 살과 뼈를 삼겹살처럼 구울 뻔했다.

뜨거운 방바닥에 언 몸을 누이면서 뜨겁다고 하지 않고 시원타고 한다. 한술 더 떠서 지진다고도 한다. 뜨거운 방에 몸을 부리면 허리 다리 무릎 어깨가 짜르르. 관절마다 해체되는 것 같은 피로가 노곤하게 풀어진다. 무엇보다도 흙냄새 나는 따스한 방바닥에 누우면 어머니 품에 안긴 듯 그 아늑함이 좋다.

뜨끈한 방바닥에 등을 대는 순간 눈꺼풀은 물먹은 솜이 되어 내려오고, 비몽사몽 간에 반백년 전으로 들락거린다.

전라남도 함평 쪽에는 항상 눈이 많이 온다. 강원도 못지않다. 어렸을 때다. 장지문 밖에 함박눈 쌓이는 밤, 육남매는 무명 솜이불 하나에 발을 부챗살처럼 모았다. 윗몸은 온통 드러나 코가 시리고 어깨가 시리다. 당겨도 가슴까지 올 리 없는 이불깃을 밤새 서로 당긴다. 굵은 무명실밥이 견디지 못하고 툭툭 터진다. 터진 홑이불 속에는 내 발 네 발이 가을 밭둑에 동부 넝쿨처럼 뒤엉킨다.

아버지는 새벽녘이면 아궁이 앞에 나앉았다. 생솔가지 한 아궁이 불을 모아 식은 구들장을 다시 데웠다. 육남매는 타닥타닥 생솔 타는 소리에 새벽잠 속으로 아슴아슴 빠져들어 갔다. 구들장의 온기로 바뀐 아버지의 사랑은 지리산에 안긴 듯 크고 포근했다.

어느 날인가 방바닥이 푹 꺼졌다. 육남매의 뛰노는 발끝에 구들장이 내려앉은 것이다. 그것을 바로 놓기 위해서는 왕골자리를 걷고 방을 뜯어고쳐야 한다.

뜯어놓은 방바닥은 발굴 중인 경주의 어느 유적지 같았다. 세워진 돌 위에 납작납작 엎드린 돌들은 흡사 선사시대의 작은 고인돌 같았다. 줄지어 늘어선 돌들 사이로 좁은 고랑이 있었다. 방바닥이 꺼진 부분은 돌 하나가 쓰러져 그 길을 막고 있었다. 아버지는 그 돌을 바로 세워 막힌 길을 뚫었다. 그 고랑은 아궁이 끝 부분에서 굴뚝까지 불과 연기가 지나가는 길이란다. 그 좁은 불고랑은 가로, 세로, 모로 나 있어서 미로 같았다. 그 길들의 마지막은 지붕보다 더 높은 뒤란의 굴뚝으로 모아졌다.

납작한 돌들은 뜨거운 불길에 까맣게 그을리다 못해 쩍쩍 금이 간 것도 있었다. '우리들의 언 몸을 녹여준 것이 이 돌들이었구나.' 어둠 속에 엎드려 매운 연기를 다 들이마셨고, 화마 같은 불꽃의 뜨거움을 온몸으로 품었던 것이다.

영(靈)이 있어 만물을 지배한다는 인간은 자신이 싸라기만큼이라도 손해 본다고 생각하면 가차 없이 자리를 박찬다. 구들장은 지금 살신성인으로 동태 같은 내 몸을 녹여준다. 준 게 있으니 받아야겠다는 약삭빠른 계산 같은 것도 하지 않는다. 그냥 그렇게 천명을 다할 뿐이다.

찜질방보다 더 뜨거운 구들목에서 염치없이 구들장의 호젓한 보시를 받는다. 갚지 못할 빚이다.